労務コンプライアンス

チェックリストでわかる
人事労務リスク対策

社会保険労務士法人
みらいコンサルティング〔著〕

労務行政

はじめに

「労務コンプライアンス」。皆さまは、労務コンプライアンスに対してどのようなイメージをお持ちでしょうか。

私たちが、最初に労務コンプライアンスに関する書籍を出版したのは10年以上も前のことですが、当時は「労務コンプライアンスの整備はパンドラの箱を開けるようなもの」といわれ、会社としては、できる限り避けて通りたかった分野でした。

思えば、主に新規上場時において、労務上の大きな問題があるとガバナンス体制や業績へのインパクトが強いとの懸念などから、労務コンプライアンスを整備しなければならなかったというケースがほとんどでした。つまり、上場を目指すような規模の企業が主として影響を受けていた分野といえます。

しかし、この10年超の間で労務コンプライアンスを取り巻く環境は、主に大企業を中心に大きく変化しました。

労務コンプライアンスに大きな課題を有している場合、会社側のリスクが当時と比してかなり高まっています。具体的には、労務リスクが顕在化した場合のインパクトが、業績に直結するレベルになってきたということです。

例えば、労働時間管理が甘かったことから未払い残業代や長時間労働による健康被害が発生した場合、あるいはセクシュアルハラスメントやパワーハラスメントなどの問題が発生して訴訟となった場合、それらはニュースとなり、それがSNSで拡散され、「この会社はブラックだ」というレッテルを貼られてしまいます。そうなった場合の経営に与えるインパクトは、名の知れた会社であればあるほど大きくなります。

そして、そのネットに流出した情報は容易には消えず、採用活動に大きな影響を及ぼします。応募者本人は入社を希望しても、家族や友人から引き留められるなどの事態も発生しています。新規の採用が計画どおりに進

まなければ、経営計画自体の変更・修正を余儀なくされてしまい、結果として業績に影響が及ぶという構図です。

そのため、自社で労務コンプライアンス上の問題の有無を確認するため、網羅的な調査を行い、リスクの洗い出しを行った上で、適切な対応を行いたいという声が年々増えてきているのです。この流れは、上場会社や上場準備会社だけにとどまらず、中堅・中小企業にまで広がっていると感じています。

さらには、昨今の顕著な流れの一つとしてM&Aの増加があります。買収側としては、被買収企業に労務コンプライアンス上の課題があると直ちにリスクとなるため、被買収企業に対して「労務デューデリジェンス」を実施します。これは、労務コンプライアンス調査と同様のプロセスで対応することが可能です。当社にも多くの調査依頼が来ており、時代の流れを感じます。

事業承継という局面でも、労務コンプライアンスの状況確認を依頼されるケースが出てきています。具体的には、オーナー経営者である社長から子の世代に経営を引き継ぐ際に、オーナー時代には労務上の問題が表に出にくかった案件が、事業承継のタイミングで噴出するというケースを受けて、改善を図りたいというオーダーもあります。

これらのように、時代が進むにつれて経営課題も変わっていきますが、少なくとも労働力人口が減少している現代において、優秀な人材を採用し、定着してもらうためにも、労務環境の改善を図ることは、どの会社でも共通して求められます。

そのためにも労務コンプライアンスの知識を各社が習得し、チェック→改善→モニタリングというサイクルを回していくことが必須になったといえるでしょう。

本書では、さらに最近求められている人的資本経営にも踏み込み、労務コンプライアンス体制の整備の先にあるウェルビーイング経営についても触れています。

はじめに

　1社でも多くの会社が、本書をきっかけに適切な労務コンプライアンス体制が整備されることで、従業員が安心して働けるようになり、結果として業績も向上することを切望しています。

2024年10月

　　　　　　　　社会保険労務士法人みらいコンサルティング

目　次

第❶章　今、なぜ労務コンプライアンスが必要か …………… 11

1　労務コンプライアンスとは ……………………………………… 12
2　ステークホルダーから見た労務コンプライアンス ………… 14
3　労務改善の方向性 ………………………………………………… 17
4　人権尊重から見た労務コンプライアンス …………………… 19
5　人的資本経営から見た労務コンプライアンス ……………… 24

第❷章　労務リスクを考える ………………………………………… 27

1　労務リスクの分類 ………………………………………………… 28
2　費用発生リスク …………………………………………………… 30
3　訴訟リスク ………………………………………………………… 32
4　行政処分リスク …………………………………………………… 33
5　風評被害リスク …………………………………………………… 34
6　社員減少リスク …………………………………………………… 35
7　リスク連鎖 ………………………………………………………… 36
8　他社の事例一覧 …………………………………………………… 38

第❸章　労務コンプライアンス調査の方法 …………………… 43

1　自社で行う労務コンプライアンス調査の流れ ……………… 44
2　調査項目範囲の特定 ……………………………………………… 47
3　調査展開範囲の特定 ……………………………………………… 49

7

	4	調査主体とインタビュー対象者の特定	51
	5	労務リスクのレベル	53
	6	報告書作成の留意点	55

第4章　労務コンプライアンス上の課題　57

第1　雇用管理

	1	社員区分	59
	2	募集	61
	3	採用	65
	4	雇用契約	68
	5	試用期間	71
	6	人事異動	74
	7	休職	78
	8	賞罰（表彰および制裁）	81
	9	懲戒処分	83
	10	退職	87
	11	定年延長・再雇用	89
	12	無期転換	92
	13	解雇	96

第2　服務規律

	1	服務規律	98
	2	副業・兼業	102
	3	ハラスメント防止対策	106

第3　賃金管理

	1	賃金の支払い	110
	2	割増賃金の計算	113
	3	各種手当	119

4	固定時間外手当	122
5	年俸制	125
6	賞与	128
7	退職金	131

第4 労働時間・休日

1	労働時間制度	134
2	時間外・休日労働（36協定）	151
3	労働時間の把握	156
4	休日	160
5	休憩	166
6	管理監督者	169

第5 年休・法定休業・休暇

1	年次有給休暇	173
2	育児・介護休業	178
3	その他の法定休暇・休業	183
4	特別休暇	185

第6 就業規則・労使協定・法定帳簿

1	就業規則	187
2	労使協定	192
3	労働者名簿	195
4	賃金台帳	197

第7 障害者・外国人・短時間労働者・労働者派遣等

1	障害者雇用	200
2	外国人労働者	202
3	同一労働同一賃金	207
4	派遣労働者	211
5	請負の適正化	215
6	テレワーク	219

第8　健康・安全衛生

1	健康診断	223
2	ストレスチェック制度	228
3	健康情報の取り扱い	230
4	長時間労働対策	232
5	安全衛生管理体制	235

第9　労働保険・社会保険

1	労働保険の成立	239
2	労働保険・社会保険の加入	241
3	労働保険料・社会保険料の算定	246

第❺章　労務コンプライアンス調査後の展開　251

1	調査後の労務リスクの改善のために	252
2	人件費シミュレーションの実施	255
3	長時間労働削減策	256
4	人的資本経営への取り組み（人材育成）	260

○事項索引　263

10

第 1 章

今、なぜ
労務コンプライアンスが
必要か

1 | 労務コンプライアンスとは

2 | ステークホルダーから見た労務コンプライアンス

3 | 労務改善の方向性

4 | 人権尊重から見た労務コンプライアンス

5 | 人的資本経営から見た労務コンプライアンス

1 労務コンプライアンスとは

「労務コンプライアンス」という言葉も世の中で多く聞かれるようになってきました。コンプライアンス経営が求められる時代に、労務分野のコンプライアンス状況が、会社経営において年々重要視されているからでしょう。そもそもコンプライアンスとは、狭義としては法令遵守と解されていますが、広義としては「法令だけでなく社会的規範や倫理を守る」ことも含めて考えられており、昨今では広義の解釈もかなり定着しています。

労務コンプライアンスでも同様に、狭義と広義が存在しますが、一般的に「特に労働基準法（以下、労基法）、労働安全衛生法（以下、安衛法）をはじめとする各種労働法への遵法状況」と定義でき、狭義のコンプライアンスに即したものとして捉えることが妥当といえます。

[1] 労務コンプライアンスの重要性が増している理由

長時間労働、職場におけるハラスメント、未払い時間外手当、過労死など、労務の整備をおろそかにしたことに起因して、社員に対して不利益な取り扱いをしてきた会社に関する報道は、枚挙にいとまがありません。このような不祥事が報道されると、会社の存続すら危ぶむ事態に発展することも珍しくありません。そのため会社が順調に存続するためにも、労務コンプライアンスを実施することは、なくてはならない要素となっています。

[2] 労務コンプライアンスを無視すると……

経営者の一部には「労務でコンプライアンスを実践することは、経営圧迫でしかなく無意味なものである」として、全く労務コンプライアンス体制を整備しない会社も存在します。このような経営者は、最終的には未払いの時間外手当に関する訴訟を抱えたり、社員にメンタルヘルス問題やハラスメント問題が発生したりと、なんらかの労務問題が生じて、それがSNSの影響もあって、瞬く間に世の中に広がり、ブランドの毀損や社員

第1章　今、なぜ労務コンプライアンスが必要か

の離脱などにより、経営を圧迫する顛末（てんまつ）をたどることが多いのが実情です。"企業は人なり"といいますが、社員が健康で生産的に働くことができる環境をつくることこそ、会社の発展のために必要であって、そのための最低要素こそが、労務コンプライアンス体制の整備なのです。

[3] 衛生要因である労務コンプライアンス

　アメリカの心理学教授であるフレデリック・ハーズバーグ（Frederick Herzberg）が提唱した理論に、「動機づけ要因と衛生要因」で知られる"モチベーション理論"と呼ばれるものがあります。

　「動機づけ要因」とは促進要因ともいわれ、「社員に与えれば与えるほどモチベーションが向上するもの」とされます。具体的には責任の増大、仕事の達成、やりがいのある仕事、昇進などが挙げられます。一方、「衛生要因」とは、「満たされなければ不満と感じるものの、どれだけ満たされてもモチベーションアップには至らないもの」とされます。具体的には雇用の安定、作業環境（温度や照明の明るさ）、会社の方針や人間関係が挙げられ、さらには給与も含まれます。

　この動機づけ要因と衛生要因は密接不可分であり、衛生要因だけを満たしても、動機づけ要因を満たさなければ社員のモチベーションは上がりません。また、動機づけ要因を満たそうとしても、衛生要因が満たされなければ社員に不満がたまります。

　そして、労務コンプライアンスは、典型的な「衛生要因」といえます。動機づけ要因を向上させようとして、どれだけ立派な人事制度を導入したとしても、時間外手当は全く支払われない、育児休業が法律どおりに取得できないなど、労務コンプライアンス体制が整備されていなければ、その会社で社員満足度を向上させることは極めて難しいこととなります。

　健全な会社発展のためにも、まず、労務コンプライアンス体制を整備することが重要であり、人材育成の基盤にもなることを理解することが、会社には求められています。

2 ステークホルダーから見た労務コンプライアンス

　ステークホルダー（利害関係者）とは、一般的に株主などの投資家、取引先、社員、顧客等、企業活動に関連する立場の者をいいます。このステークホルダーに損害を与えないようにするため、昨今では当たり前のように、ステークホルダーとの関係を意識し、企業のブランド価値を高めるため（落とさないため）、コーポレートガバナンス、IR（投資家向け広報）、CSR（企業の社会的責任）などの取り組みが行われており、その中の一つとしてのコンプライアンスへの取り組みが重要となっています。

　したがって、労務コンプライアンスの遵守についても、ステークホルダーの利益を守るためには重要な要素となります。例えば、時間外手当の未払い問題〈➡ 30、113 ページ〉や社会保険・労働保険の未加入問題〈➡ 31、241 ページ〉が発覚した際、それを解決するためには多額の資金の支払いが必要となるため、多くのステークホルダーに損害を与える可能性があります。また、過労死やハラスメントが基での風評被害〈➡ 34 ページ〉が発生するような事案を起こしてしまった場合、消費者離れや重要な取引先との取引停止という事態を招き、これもまたステークホルダーに影響を与えることとなるでしょう。

　このように、労務コンプライアンスもステークホルダーという目線に立って考えたとき、重要な要素となり得るのです［図表 1-1］。

　例えば、労務コンプライアンスにおいて最もインパクトがあると考えられる時間外手当の未払い問題が発生したケースを具体的に想定すると、各

図表 1-1　ステークホルダーから見た労務コンプライアンス

第1章　今、なぜ労務コンプライアンスが必要か

ステークホルダーに対して、次のような損害を与えることになると考えられます。

（1）株主などの投資家に対して

　未払い時間外手当を過去3年分にわたって清算する場合、多額の資金の支払いに伴い、予想利益に対して大幅な利益の減少が発生し、配当の減少や株価の下落による損失などが考えられます。また、将来に向かっても、未払い時間外労働問題を解消するための施策を導入することにより、人件費の増加が想定されるため、当然に利益も減少する要素となり、ROA（Return On Assets：総資産利益率。総資産に対してどれだけ利益が出ているかを示す指標）やROE（Return On Equity：自己資本利益率。自己資本に対してどれだけ利益が出ているかを示す指標）が低下することも想定される事態といえます。

（2）社員に対して

　労務コンプライアンス自体が、そもそも社員に関する事項であるため、社員は最も直接的に影響を受ける対象といえます。未払い時間外手当が発生し続けている状態では、当然ながら、社員は不利益を被っていることになります。また、未払い分を清算するという局面に際し、その時点での経営状況に問題がある場合には会社の存続自体が不安定になることから、社員の雇用にも直接影響を及ぼしてしまう可能性もあります。

　このとき、事業を行っている地域で人材を大量採用しているようなケースであれば、ステークホルダーの一つである地域社会にも影響を及ぼすことにもなります。

（3）取引先や顧客に対して

　取引先や顧客に対しては、労務コンプライアンス自体が直接影響を与えることは少ないと考えられますが、既述のように多額の資金の支払いが発生して会社の存続自体に影響が及ぶような際には、取引先や顧客にも影響を及ぼすことはいうまでもありません。

　一般的に、時間外手当の未払い問題が風評被害をもたらすケースは少な

15

いですが、地域社会で話題になることは珍しいことではありません。その場合には取引先などに不安を生じさせる可能性もあります。

　また、社内でハラスメントなどが発生し、風評被害に発展するような場合、消費者離れや取引先との取引停止につながってしまう可能性もあります。

　一方で、取引先や顧客からの暴行、脅迫、ひどい暴言、不当な要求等の著しい迷惑行為（カスタマーハラスメント）も社会問題化しています。過大な要求や不当な言いがかりは従業員に精神的なストレスを与え、通常業務を妨げることにもなるため、不当・悪質な要求をする取引先や顧客から、従業員を守る対応も求められます。

3 労務改善の方向性

［1］労務リスクの変化

　労務コンプライアンス体制が整備できていない場合、その会社は多くの「労務リスク」〈➡ 28、53 ページ〉にさらされることとなります。この労務リスク自体は、一昔前でも現在と同様に存在していましたが、現在では、それが顕在化する確率が非常に高まっています。つまり、労務を取り巻く環境が大きく変化している昨今において、会社はこれまでと同じようなスタンスで臨んでいてはリスクヘッジができていない状況にあるといえます。

　法律と会社と社員の三つのパワーバランスが変化していることを具体的に確認すると、その理由がよく分かります。［図表 1-2］にあるように、一昔前は中心点が三者の中間にあって、法律と会社と社員の三つの関係はバランスが取れており、結果として労使間で良好な関係が保たれていたため、労務リスクが顕在化する可能性は低いものでした。しかし、現在では、①法律の運用や判例が社員寄りになっていること、②社員が法律に詳しくなってきていること、③社員が権利を主張する時代になっていること、という三つの要素から、会社がこれまでと同じような労務管理を行っている

図表 1-2　法律と会社と社員のパワーバランスの変化

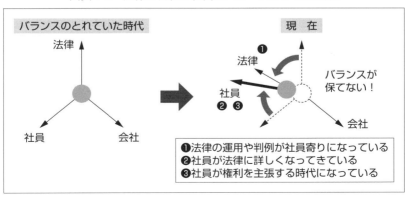

と、必然的に中心点はこれまでと同じ位置にとどまることはできず、バランスを欠いた状態になっていきます。特に②と③は、経営者からすれば年を経るごとに厳しい方向に推移していると、私たちも感じています。

[2] 今後の労務管理の方向性として

[図表 1-2] の「現在」において、中心点をこれまでと同様の位置に置くためには、二つのアプローチが存在します [図表 1-3]。

一つ目は、会社の矢印を太くすること、つまり会社の管理体制を強化することです。具体的には就業規則をはじめとする諸規程を整備し、これまでのような"性善説ベース"とする取り扱いは避ける必要があります。少なくとも規程は、表現に配慮しつつも"性悪説ベース"で作り込んでおくことが、労務リスクを排除するための要件と言っても過言ではありません。

二つ目としては、社員の矢印を元の太さにすること、つまり社員満足度を高めること（ウェルビーイング経営）で社員との関係を良好にすることが考えられます。具体的には、人事制度や組織風土を整備することで、労務リスクを低減させるという考え方です。前者は"ハード面の整備"、後者は"ソフト面の整備"と言い換えることも可能です。本来的には後者のソフト面の整備を行うことが望ましいのはいうまでもありません。しかし、それだけでは昨今の労務環境ではバランスを取ることが難しく、両面からアプローチすることが、会社には求められています。

図表 1-3　三者のバランスを保つために

第 1 章　今、なぜ労務コンプライアンスが必要か

4 ｜ 人権尊重から見た労務コンプライアンス

[1] 人権尊重とは

　人権とは、「人が生まれながらにして持っている権利で、人が人として生きていくための基本的な権利」です。1948 年に国連総会で採択された世界人権宣言において、人権はすべての人が持つ権利であると認められました。

　1990 年代以降、グローバル化が進む中で、強制労働・児童労働などさまざまな人権問題が報告されたことを受け、改めて、企業の人権に対する責任が問われるようになり、ビジネスと人権に関する最も重要な国際的指針として、2011 年 6 月に国連人権理事会において「ビジネスと人権に関する指導原則」が策定・承認されました。

　この国連指導原則を踏まえ、日本でも 2020 年 10 月に「『ビジネスと人権』に関する行動計画（2020–2025）」が公表され、続いて 2022 年 9 月には「責任あるサプライチェーン等における人権尊重のためのガイドライン」（以下、ガイドライン）、2023 年 4 月には「責任あるサプライチェーン等における人権尊重のための実務参照資料」が公表され、企業における人権尊重の取り組みを推進しています。

　企業の人権尊重責任は、企業が関与したすべての人の人権に対する侵害を回避し、人権への負の影響に対処すべきことを意味しており、その責任は規模や業種、活動状況等に関係なく、すべての企業が負っています。

　企業が人権尊重に取り組む目的は、あくまで企業活動における人権への負の影響の防止・軽減・救済ですが、人権尊重の取り組みは、ストライキ・人材流出等のオペレーションリスク、訴訟等の法務リスク、不買運動等のレピュテーションリスクといった企業が直面する経営リスクの抑制に加えて、ブランドイメージや取引先との関係性などの企業価値の向上にもつながります。

19

[2] 企業における人権尊重に取り組むべき対象と範囲

まず、人権尊重は企業の規模、業種などにかかわらず、個人事業主を含めたすべての企業が取り組まなければなりません。また、考慮すべき人権の主体は、自社の社員、取引先社員、顧客・消費者・事業活動が行われる地域の住民など自社事業に関わるすべての人が対象となります。例えば、自社の社員が顧客や取引先社員に対して差別的対応を行ったり、工場建設のために住民に立ち退きを強いたりする場合、深刻な人権問題が発生する可能性があるため、企業には十分な検討と対策が必要となります。

次に、企業が尊重すべき人権とは、世界人権宣言および国際人権規約で表明されたものなど国際的に認められた人権を指します。企業が尊重すべき人権は企業が関与したすべての人の「人権」となり、多岐にわたりますが、企業が対処すべき人権への負の影響には、[図表1-4]の3類型があります。

企業は、自らが引き起こしたり（cause）、助長したり（contribute）した負の影響にとどまらず、自社の事業・製品・サービスと直接関連する（directly linked）人権への負の影響についてまでを、次項の人権デューデリジェンス（以下、人権DD）の対象とする必要があります。

[3] 人権デューデリジェンスの進め方

人権尊重の取り組みとして、企業は、その人権尊重責任を果たすため、

図表1-4　企業が対処すべき人権への負の影響の範囲

負の影響の類型	例
企業活動を通じて負の影響を引き起こす（cause）場合	・自社の社員が顧客に人種差別的な対応を行う ・自社工場で社員に危険な労働を強いている
企業活動を通じて負の影響を助長する（contribute）場合	・納期直前に注文内容を変更し、サプライヤー内の長時間労働を誘発する
企業の取引関係によって事業・製品・サービスが人権への負の影響に直接関連する（directly linked）場合	・下請企業が契約上の義務に反して作業を再委託し、児童労働が発生している

①人権方針の策定、②人権DDの実施、③自社が人権への負の影響を引き起こし、または助長している場合における救済、が求められます。2024年8月現在、日本において、人権DDは法的に義務化されていませんが、フランスやドイツなどの欧米諸国では人権DDの実施や開示を企業に義務づける法制があり、自社が各法制の適用対象とならなくても、適用対象となる企業と直接的・間接的に取引のある日本企業は、調査や情報公表の対象となり、取り組みが不十分と判断された場合は、取引を停止されるリスクが生じます。

　まず、企業における人権尊重の取り組みとして、自社の人権方針を策定します。以下の五つの要件を満たす人権方針を通じて、企業が「人権を尊重したビジネスを行っていくこと」を社内外に宣言します。

---

①企業のトップを含む経営陣で承認されていること
②企業内外の専門的な情報・知見を参照した上で作成されていること
③社員、取引先、および企業の事業、製品またはサービスに直接関わる他の関係者に対する人権尊重への企業の期待が明記されていること
④一般に公開されており、すべての社員、取引先および他の関係者に向けて周知されていること
⑤企業全体として必要な事業方針および手続きに、人権方針が反映されていること

　人権方針を策定した後は、人権方針を社内に周知し、社内の行動指針や調達指針などに人権方針の内容を反映します。また、人権DDの結果等を踏まえ、必要に応じて人権方針を改定するなど、方針が形骸化しないよう継続的な見直しを行います。

　次に、人権DDを進めるに当たって、企業が関与している、または関与し得る人権への負の影響を特定し、評価します。

（1）負の影響の特定

自社のサプライチェーンの行程を確認し、各行程で、どのような人権課題が発生する可能性があるかを特定します。サプライチェーンの細分化が難しい場合は、社内の課題・社外の課題などの自社で検討可能な切り口で検討します。具体的に、会社が配慮すべき人権の分野としては、賃金の不足・未払い、生活賃金、過剰・不当な労働時間、労働安全衛生、社会保障を受ける権利、パワーハラスメント、セクシュアルハラスメント、マタニティハラスメント／パタニティハラスメント、介護休業等ハラスメント、強制労働、居住移転の自由、結社の自由・団体交渉権、外国人労働者の権利、児童労働・こどもの権利、テクノロジー・AIに関する人権問題、プライバシーの権利、差別、ジェンダー（性的マイノリティを含む）に関する人権問題、知的財産権、サプライチェーン上の人権問題・救済へアクセスする権利、などがあります。

（2）負の影響の評価

特定された負の影響のすべてについて、直ちに対処することが困難な場合は、対応の優先順位づけを実施します。対応の優先順位は深刻度（①人権に対する負の影響の大きさ、②負の影響の及ぶ範囲、③負の影響が生じる前と同等の状態に回復することの困難性）により判断し、同等の深刻度であれば発生可能性が高いものから対応します。

（3）負の影響の防止・軽減

特定・評価された負の影響の防止・軽減について、対応策を検討し、実行していきます。自社が人権への負の影響を引き起こし、または助長している場合は、その活動を確実に停止するとともに、再発防止措置を行う必要があります。直ちに停止することが難しい場合は段階的な活動の停止を、他企業が関連している場合は関係者に働き掛けを行うなどの実施可能な取り組みを行います。自社の事業・製品・サービスが人権への負の影響に直接関連する場合は、原因となっている企業などに対して影響力を行使する、支援を行うなどの働き掛けを行うよう努めます。

（4）取り組みの実効性の評価

　人権への負の影響の特定・評価・防止・軽減等を効果的にできたかを評価し、結果に基づいて継続的な改善を進めます。

（5）説明・情報開示

　人権DDに関する情報を開示し、人権を尊重する責任を果たしていることを社内外に説明します。仮に、人権DDの結果、人権侵害の存在が特定された場合でも、それは企業価値を下げるものではなく、むしろ改善意欲があり透明性の高い企業として企業価値の向上に寄与するものと考えられるため、積極的な説明・情報開示が期待されています。

　さらに、企業は、自社が人権への負の影響を引き起こし、または助長している場合は、救済を実施し、または救済の実施に協力する必要があります。救済の具体例には、謝罪、原状回復、金銭的または非金銭的な補償のほか、再発防止プロセスの構築・表明などがあります。

　迅速な問題解決を図る観点から、人権侵害を受けた人のために通報・相談窓口や相談対応の仕組み（苦情処理メカニズム）を確立したり、業界団体などが設置する苦情処理メカニズムに参加することを通じて、救済を可能にしていきます。苦情処理メカニズムを確立する際は、正当性、利用可能性、予測可能性、公平性、透明性、権利適合性、持続的な学習源、関与と対話に基づくこと、の八つの要件を満たす必要があります。

　このような人権尊重への取り組みのきっかけとして、例えば、人権への負の影響を特定し評価を行う際に労務コンプライアンス調査を活用することが挙げられます。労務コンプライアンスの遵守に向けた調査の実施や体制の整備によって、最も身近なステークホルダーである社員の人権リスクをマネジメントすることができ、人権に関する課題の解決にもつながります。

5 人的資本経営から見た労務コンプライアンス

　人的資本経営とは、デジタル・IT の発展、ESG（Environment〔環境〕、Social〔社会〕、Governance〔ガバナンス〕）や無形資産への世界的な関心の高まりなどを背景として生まれた、人への投資に重点を置いた経営の在り方をいいます。

　具体的には、人材が日々の業務から得られる経験や、会社から提供される研修や教育の機会を活かして、自己の能力や経験、意欲を向上させ、さらに蓄積していくことで、会社の成長に必要な付加価値の創造を実現していくものであり、価値創造の源泉である資本としての性質に着目した表現です。そして、この人的資本は事業環境の変化や経営戦略の転換等の局面において、社内だけではなく社外からも調達・確保するものであるなど、広くその活用方法を検討していくことで、高い効果を発揮するものであるとされています。

　従来、多くの会社において、人材に対するものは、財務会計上、人件費として処理されることから、短期的には利益を押し下げ、資本効率を低下させるものとしての影響ばかりが重視され、業績の悪化などが発生した際は、人件費や研修費がコストコントロールの対象となることが少なくありませんでした。つまり、会社による資本効率の向上を進めていく中で、足元の利益確保を優先し、人への投資は抑制や後回しにされやすい傾向にあったと考えられます。

　しかし近年、会社の持続的な価値向上を実現するための推進力は、人的資本や知的資本、ビジネスモデルなどの無形資産にあり、その中でも特に人的資本に対して投資の機会を増やし、その価値を向上させていくことが、会社の競争優位性の源泉となるほか、中長期的な会社成長を実現するための中核的な要素になるという考え方が普及してきました。このように、人的資本への投資は企業価値向上に直結することから、戦略的に価値があるという認識につながり、今や多くのステークホルダーが、各会社が

24

第 1 章　今、なぜ労務コンプライアンスが必要か

図表 1-5　有価証券報告書における人的資本に関する開示項目

❶人的資本に関する記載項目	❷多様性に関する記載項目 ※女性活躍推進法に基づく開示
・人材育成方針 ・社内環境整備方針	・男女間賃金格差 ・女性管理職比率 ・男性育児休業取得率

　中長期的な成長を実現していくために、どのような人材を必要としていて、その育成・獲得のためにどのような取り組みをしているのかといった人材戦略に関する情報の開示に注目しています。2023 年 1 月に施行された「企業内容等の開示に関する内閣府令」の改正により、2023 年 3 月期以降の事業年度に係る有価証券報告書等への記載事項として、人的資本に関連する項目が追加されました［図表 1-5］。人的資本経営への取り組みの内容は多岐にわたりますが、取り組みを進める上で、二つの観点から検討することが考えられます。一つ目は、会社の戦略的な価値向上に向けた人的投資の施策、二つ目は、会社存続におけるリスクマネジメントの観点であり、開示事項は、7 分野 19 項目となります［図表 1-6］。

　表の各事項は、人的資本経営への取り組みとして考えられる施策の一例となりますが、①に近づくほど会社の価値向上につながり、⑦に近づくほどリスクマネジメントの強化につながるとされています。

　例えば、①育成や②エンゲージメントは、会社価値を向上させるための人への成長投資に力点が置かれており、③流動性や④ダイバーシティは、イノベーションや生産性改革といった戦略的な価値向上につながると同時に、会社の社会的責任に対するリスクマネジメントの強化が必要な内容となります。⑤健康・安全や⑥労働慣行、⑦コンプライアンス／倫理は、まさに会社の社会的責任に対するリスクマネジメントに力点が置かれていると考えることができます。特に労務コンプライアンスの遵守に向けた調査の実施や体制の構築は、リスクマネジメントの強化という意味で人的資本経営への取り組みの一つとなるでしょう。

25

図表 1-6 人的資本経営に関する開示事項として考えられる例
（会社価値向上とリスクマネジメント）

①育成	・リーダーシップ
	・育成
	・スキル／経験
②エンゲージメント	・従業員エンゲージメント
③流動性	・採用
	・維持
	・サクセッション
④ダイバーシティ	・ダイバーシティ
	・非差別
	・育児休業
⑤健康・安全	・精神的健康
	・身体的健康
	・安全
⑥労働慣行	・労働慣行
	・児童労働／強制労働
	・賃金の公正性
	・福利厚生
	・組合との関係
⑦コンプライアンス／倫理	・人権方針の策定等

資料出所：内閣官房 非財務情報可視化研究会「人的資本可視化指針」

第2章

労務リスクを考える

1 | 労務リスクの分類

2 | 費用発生リスク

3 | 訴訟リスク

4 | 行政処分リスク

5 | 風評被害リスク

6 | 社員減少リスク

7 | リスク連鎖

8 | 他社の事例一覧

1 | 労務リスクの分類

　労務リスクとは、言葉のとおり、労務管理の分野において会社側の意図の有無にかかわらず、法律に反する状況のまま会社経営を行うことでさまざまな面に影響を与えるリスクを意味します。つまり、リスクを放置することは、将来具体的な損害が会社に及ぶ可能性があるということです。

　実際にあったものとして、係長以上を役職者とみなして役職手当のみを支給し、時間外手当を一切払っていなかった会社において、その「役職者」が退職に際し、労基法に基づいて過去3年間の時間外手当を全額支給するよう会社に請求したケースがありました。これは、その会社の役職者の運用が、労基法41条2号に規定される「管理監督者」には該当しないために発生した問題です。このように請求がなされて訴訟に至り、裁判で負けて過去にさかのぼって時間外手当の支払いが命じられれば、会社側はそれを支払わなければならず、予期せぬ資金の支払いとなり、損益上のインパクトが発生することとなります。このように顕在化した労務リスクは、突如、企業経営に大きな損失を与えることになるのです。

[1] 労務リスクの分類

　労務リスクは五つに分類することが可能です [図表2-1]。

　第1のリスクは上記資金の支払いを伴う費用発生リスクで、会社の損益に直結する問題であるため、リスクコントロールが求められます。

　第2のリスクは訴訟リスクで、トラブル解決のために多くの時間と心労をもたらします。

　第3のリスクは行政処分リスクで、行政処分によって本業への影響が懸念されます。

　第4のリスクは風評被害リスクで、場合によっては本業の売り上げに影響を及ぼしかねないおそれがあります。

　そして、第5のリスクは社員減少リスクで、最近新たにリスクとして認

図表 2-1　労務リスクの五つの分類

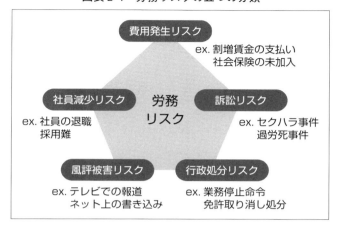

識されるようになったものです。社員の退職が続き、採用も追い付かない状況になり、経営に深刻な影響をもたらします。

[2] 労務リスクへのアプローチ

　最近では「労務倒産」という言葉も耳にするように、労務リスクが原因で、会社が倒産してしまうことも決してあり得ない話ではありません。
　このように、労務リスクは真摯に対応しなければならない重要な経営課題であることは、これまで触れてきたとおりです。
　一般的にリスクに対して、①リスクの回避（排除）、②リスクの移転、③リスクの受容、④リスクの制御（コントロール）という四つの観点から、どのように対応するかを検討することになりますが、多くの場合は、①リスクの回避（排除）から行います。
　①リスクの回避（排除）とは、労務コンプライアンスを遵守する社内体制の整備を意味します。もちろん程度の問題はありますが、例えば、すべてのリスクに対して③リスクの受容を選択することは、労務コンプライアンス体制の整備という側面からして行うべきではないと考えます。

2 | 費用発生リスク

[1] 費用発生リスクの概要

　費用発生リスクとは、そのリスクが顕在化した際に、文字どおり費用が発生し、結果として会社の損益に影響を及ぼすリスクをいいます。

　この費用発生リスクの典型例は、サービス残業に起因する未払い時間外手当の請求や労働基準監督署からの是正勧告による、さかのぼり支給です。その金額を全員分支払う必要が発生した場合には、数千万円から場合によっては数億円に上ることもあり、会社経営に直接的に影響を及ぼす問題となります［図表 2-2］。

　この時間外手当の未払い問題は、サービス残業のように明らかに支払っていないケースだけでなく、会社の労基法の理解不足や認識不足により、実は時間外手当が支払われていない状態が存在していたという隠れリスクも多く発生するので注意が必要です。

　また、時間外手当の問題を将来に向かって適正化する場合、一般的には人件費が増加することから利益計画も下振れすることになります。そのため、将来の経営計画に影響を与えるリスクも同時に視野に入れる必要があります。

図表 2-2　令和 5 年監督指導による賃金不払い事案の是正結果

①令和 5 年に全国の労働基準監督署で取り扱った賃金不払事案の件数、対象労働者数および金額	件数	21,349 件
	対象労働者数	181,903 人
	金額	101 億 9,353 万円
②労働基準監督署が取り扱った賃金不払事案（上記①）のうち、令和 5 年中に、労働基準監督署の指導により使用者が賃金を支払い、解決されたもの	件数	20,845 件（97.6%）
	対象労働者数	174,809 人（96.1%）
	金額	92 億 7,506 万円（91.0%）

資料出所：厚生労働省「賃金不払が疑われる事業場に対する監督指導結果（令和 5 年）」

第2章　労務リスクを考える

［2］その他費用発生リスクの例

　先述の未払い時間外手当の問題だけでなく、費用発生リスクはほかにも存在します。例えば、パートタイム労働者やアルバイトに対しての社会保険・労働保険の未加入問題もその一つです。年金事務所やハローワーク、会計検査院の調査により、適切に加入させていない実態が判明した場合、状況によっては時効まで2年間さかのぼって加入させる必要が生じます。

　その際、社会保険料に関しては、会社負担分だけでなく本人負担分の保険料の取り扱いが問題になります。本人との話し合い次第にはなりますが、費用負担能力を考えると会社負担とせざるを得ない状況もありますので、結果として多額の資金の支払いとなる場合があります。

　さらに、年金を受給しながら社会保険に加入せずに勤務する社員が、実は社会保険加入基準を満たしていたというケースでは、過去にさかのぼって加入するだけでなく、本人が受給した年金も国に返納しなければならなくなります。その場合、会社と本人で返納することとなった年金額をどのように取り扱うかでトラブルとなるケースが多いため、結果として会社負担とするケースが多く、こちらのケースでも多額の資金の支払いとなる場合があります。

　そのほかの例としては、会社の急成長に伴い社員数が急増したことで、障害者の雇用について法律で定められた基準（法定雇用率）に達していない会社に納付が命じられる障害者雇用納付金〈➡ 200 ページ〉を納付する必要が生じる場合もあります。

　また、退職金規程について他社の規程をそのまま転用しているために、支給基準が会社規模に比して非常に高額となっている場合や、パートタイム労働者やアルバイトが適用除外となっていなかったことから、退職金請求があった際に支給せざるを得なくなったという費用発生リスクもあり得ます。

31

3 訴訟リスク

　訴訟リスクとは、民事上・刑事上の双方において、訴訟を提起されるリスクを意味します。社員から訴訟を提起されると、会社は裁判のために膨大な時間と労力を要することとなり、事業運営上の機会損失となるだけでなく、判決文等が公開されることにより、社会からの目線という点においてもマイナスに働く可能性もあります（5　風評被害リスク➡ 34 ページ）。

　民事上の問題の代表的な例としては、以下のものが挙げられます。

①ハラスメント、社内いじめ等に関する問題
②長時間労働に起因する過労死や健康被害に関する問題
③労働条件の不利益変更や解雇に関する問題
④配置転換・出向・転籍に関する問題
⑤管理監督者性の有無に関する問題

　立件に至るケースは現実には少ないですが、刑事上の問題として以下のようなケースでは書類送検されることも想定されます。

①賃金や時間外手当の不払いに関する問題
②最低賃金法違反に関する問題
③外国人の不法就労に関する問題
④労働者の違法派遣（労働者供給）に関する問題
⑤労災隠しに関する問題
⑥重大労災事故の原因となった安衛法違反に関する問題

　いきなり裁判に持ち込むのではなく、まずは“労働審判の申し立て”というプロセスを経ることで、社員側としては比較的安価かつ楽に会社と争うことが可能になっています。そのため、労働審判についても訴訟リスクの一つと考えることができます。

第2章　労務リスクを考える

4 | 行政処分リスク

［1］ 行政処分リスクの概要

　行政処分リスクとは、交通違反や交通事故を起こした際に運転免許証の停止や取り消しといった処分がなされるように、所轄監督官庁より、なんらかの処分や命令が会社に対して下されることにより、本業に支障が生じるリスクを意味します。

　会社経営に関連する監督官庁は多岐にわたり、特に労務の分野では、厚生労働省、労働局、労働基準監督署が該当します。行政処分の具体例としては、安全基準を満たさない危険性が高い機械や設備等に対して使用停止処分を行うケースがあります。そうなると、その機械や設備が使用できなくなるため、会社の生産計画や納期の変更などを迫られることとなり、会社にとって多大な影響が及ぶ結果となりかねません。

　また、労働者派遣法（以下、派遣法）で禁止されている港湾運送業務や建設業務等に違法派遣を行ったり、派遣労働者に対して必要な割増賃金を支払わなかったりしたため、労基法による罰金が科され、その結果として労働者派遣事業者や有料職業紹介事業者としての欠格事由に該当し、許可を取り消される例などもあります。

　このような処分は、本業の存続に直結する大変重い処分であるため、会社としては労務コンプライアンス体制の整備が必要不可欠になります。

［2］ その他の行政処分

　労務に影響を及ぼす労働基準監督署以外での行政処分としては、不法就労の外国人を雇用していた場合、会社自体は不法就労助長罪〈➡ 203 ページ〉に問われて刑事罰の対象となることがあります。また、働いていた外国人労働者は、出入国在留管理庁により国外退去処分となる場合もあります。そのような事態になった場合には、突如の労働力不足に陥ることになるので、注意が必要です。

33

5 | 風評被害リスク

[1] 風評被害リスクの概要

　風評被害とは不適切あるいは虚偽の報道などの結果によって、消費者が会社の製品を購入しなかったりサービスを受けなかったりすることで、会社やその取引先も被害を受けることを意味します。

　ただし、労務に起因する風評被害リスクは、「事実の有無にかかわらず、労務に関連する事件などがきっかけとなり、本業や社内人事業務に直接的もしくは間接的に影響を及ぼすもの」と筆者は定義づけています。つまり、本来の意味と決定的に異なるのは、実際には発生していない噂レベルだけではなく、実際に発生している事実に基づくものも対象になる点です。

　なぜなら、裁判例として「○○（会社名）事件」といった形で会社名が報道・公開されることで、それが社会的に大きな問題になるケースがあるからです。本業にインパクトを与える判決内容であり、会社として是正せざるを得ない場合だと、上場企業であれば株価への影響もあるほか、事実に対して曲解や誇張などが加わって風評被害リスクは起こり得ます。

　また、SNSへのハラスメントの書き込みが取引先の上場企業の目に留まると、取引停止や改善完了までの取引保留に至るなどのケースがあります。

　そうした不祥事に関する記事はネットニュースで取り上げられやすく、瞬く間に広がり、企業のブランドを大きく毀損させてしまうことも往々にしてあります。結果として、エシカル（倫理的な）消費志向が高まる時代背景と相まって、消費者離れが進むケースも散見されます。

[2] その他の風評被害

　昨今、SNSへの書き込みによる風評被害で多いのが、裁判例による会社名公表や、障害者雇用に対し必要な改善を行っていないなどによる会社名公表です。また、外部ユニオンを含む労働組合によるビラ配りや会社前や駅前での宣伝活動も、企業イメージに悪影響を及ぼします。

第2章 労務リスクを考える

6 | 社員減少リスク

　前記の風評被害リスクに通じますが、最近では、社員が減少するリスクが特に高まっています。そもそも労務に起因する風評は、社内の人事業務に影響を及ぼすことが一般的です。例えば、インターネットやSNSに「長時間労働かつサービス残業が横行するだけでなく、上司のパワハラもひどい企業だ」と書き込まれた場合、それが事実であろうとなかろうと、その企業にとってみれば、人材の採用活動に悪影響を及ぼすといえるでしょう。転職活動を行う際には、インターネットやSNSで企業情報や噂を調べることは当たり前に行われています。

　さらには、これらの書き込みが社内に要らぬ混乱を生じさせる点も、企業にとっては被害の一つといえるでしょう。そうした社内の混乱を契機として、退職する社員が増えることも事実です。

　退職する社員が増加するだけでなく、新しい社員も採用できない。そうなると、会社はこれまでのような事業の継続が難しくなります。ただでさえ転職が当たり前になってきている超人手不足の時代に、会社にとって、このインパクトは相当なものです。

　特に、退職理由が会社へのマイナス感情によるものである場合、退職者は腹いせのようにインターネットやSNSに書き込みを行うケースもあります。そのような書き込みが労働環境への不満だけでなく、業務内容に関するものである場合には本業に影響を与えることにもなりかねないので、退職時に円満退職を心掛ける配慮が、会社としてはこれまで以上に求められます。

35

7 リスク連鎖

[1] 労務リスクの性質

　これまで取り上げてきたように労務リスクは多岐にわたっており、それらが顕在化した場合には会社にとって大きな痛手となる可能性があります。

　しかし、労務リスクは、どのような問題がどこから発生するか、残念ながら完全にはコントロールできません。しかも、いったん発生したことで、ほかの労務リスクも顕在化するという性質を帯びています。

　例えば、解雇処分について不服がある社員が、外部ユニオンに加盟して会社と地位確認の団体交渉を行っていく過程で時間外手当の未払い問題についても請求があり、その支払いが全社員に波及せざるを得ない状況となるケースがあります。また、年次有給休暇の取得について社員が労働基準監督署に相談したことをきっかけに、労働基準監督署による立ち入り調査が行われた結果、36協定違反等が発覚して、是正勧告を受けるというケースなどが考えられます。

　このように、労務リスクは"ドミノ倒しのように連鎖する性質がある"ことを認識しておくことが必要です　[図表 2-3]。

[2] 労務リスク対策は経営課題

　これらの労務リスクに対しては、一般的に人事部や総務部が対応するケースが多いのですが、他社の過去事例からの示唆を踏まえると、経営課題として取り組むことが望ましいといえます。

　その理由としては、社内の人事部や総務部では、労務に関する問題について、社員であるが故に「時間外手当が未払いになっています」「36協定に抵触するレベルの長時間労働になっています」ということを経営陣に報告しづらく、結果として放置されてしまうケースが多いためです。

　したがって、できれば経営陣が率先して労務リスクを解消するように行動する、もしくは経営陣に中立的な立場で意見具申が可能な内部監査室で

図表 2-3　ドミノ倒しのように連鎖する労務リスク

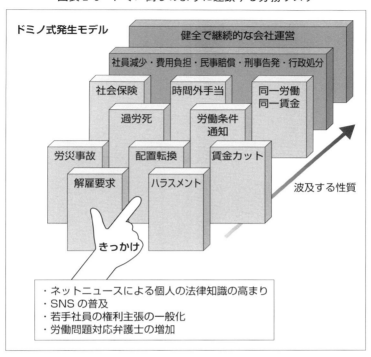

労務監査を実施するなどの措置を講じ、労務リスクがドミノ倒しのように発生しない体制を構築することが重要となります。

8 | 他社の事例一覧

[1] 労務リスクには共通点が多い

　昨今、労務コンプライアンスの遵守が重要視されていますが、会社の担当者としては「他社ではどの程度遵守しているのか？」という点は、非常に気になるところだと思います。

　過去、当社で実施した労務コンプライアンス調査の結果を分析したところ、どの会社でも課題となる部分には共通点が多いことが分かってきました。

　その結果をまとめたものが、[図表 2-4] です。

[2] 大多数の会社が該当する事項

　[図表 2-4] から分かることとして、長時間労働の発生、36 協定の遵守、割増賃金の支払いは、多くの会社で問題となっています。

　ただし、そのレベル感は各社各様であり、例えば、割増賃金の支払いの場合、サービス残業を強いている会社もあれば、きちんと時間外手当は支払っているものの代休を取得した場合の差額の割増賃金部分を支払っていない〈➡ 163 ページ〉ケースや、管理監督者の深夜労働手当を支払っていない〈➡ 170 ページ〉ケースもあるなど、さまざまな事案が生じています。

　したがって、当社が労務リスクに関する調査をする場合、少額の時間外手当の未払い問題であっても労務リスクとして認識するようにしています。時間外手当をきちんと支払っていると認識していた経営者が、調査後の報告会において問題があったことを知らされて愕然とするケースは多々あります。

　このとき、労働時間の把握が正確にできていないケースが挙げられます。中には、そもそも労働時間を把握していないという事案もあります〈➡ 156 ページ〉。

第2章 労務リスクを考える

図表 2-4　企業で発生する労務リスク上位 15 事案

	項目	要旨	リスク	トレンド	インパクト	
					利益	風評
1位	就業規則の整備	法改正に対応していない。書くべき内容を書いていない	是正勧告で指摘されやすい			
2位	割増賃金の計算	割増賃金の算定基礎に不備がある。時間外手当の支給方法に不備がある	過去3年間にわたりさかのぼり支給、同額の付加金および利息の支払い		!	
3位	労働時間の把握	労働時間を正確に把握していない	是正勧告で指摘されやすい	↗	!	
4位	36協定の遵守	36協定で締結している内容が遵守されていない	是正勧告で指摘されやすい	↗		
5位	労働条件の明示（雇用契約書の整備）	結んでいない。書くべき内容を書いていない	是正勧告で指摘されやすい			
6位	各種労使協定の整備	法律に定められている労使協定が整備されていない	是正勧告で指摘されやすい			
7位	管理監督者の取り扱い	間違った適用を行っている	否認された際、過去3年間にわたり時間外割増分を算出し支給する	↗	!	!
8位	法定帳簿の取り扱い	法定項目の記載に不備がある	是正勧告で指摘されやすい			
9位	社会保険の取り扱い	加入義務の基準を満たしているにもかかわらず、加入していない	過去3年間のさかのぼり加入、年金受給者は返還請求あり	↗	!	
10位	安全衛生管理体制の整備	労働安全衛生法で定められた管理体制が整っていない	是正勧告で指摘されやすい			
11位	定期健康診断	実施していない。会社が把握していない	是正勧告で指摘されやすい			
12位	長時間労働の発生	月100時間前後の時間外労働が発生している	過労死、損害賠償	↗		!
13位	募集要項の明示	法定項目の記載に不足がある	是正勧告で指摘されやすい			
14位	労働保険・雇用保険の取り扱い	事業場の取り扱い（本社一括の手続き）に不備がある	是正勧告で指摘されやすい			
15位	過半数代表者の選出	民主的な方法で選出できていない	是正勧告で指摘されやすい			

39

また、労働時間関連では、長時間労働の発生が問題となります〈➡ 232 ページ〉。長時間労働に関しては、全社ではなく、ごく一部の部署に非常に大きな負荷がかかってしまうために発生するケースが多く、月の時間外労働時間が 200 時間を超えてしまう例もありました。

　さらに就業規則の整備については、過去にさまざまな法改正があったにもかかわらず、その都度対応して来なかったというケースがほとんどです。特に育児・介護休業規程は、度重なる法改正で規程の見直しが追いついておらず、そのままになっているケースを多く見掛けます。

［3］ 一覧表の活用法

　［図表 2-4］は、全業種における労務リスクの一覧表です。トレンド欄に矢印があるものは、昨今非常に注目されている項目となります。

　また、インパクト欄のマークは、リスクが顕在化した場合における会社に与える影響の大きさを意味しています。

　［図表 2-5］は、業種ごとに該当事項が多いものをまとめたものです。ランキング形式ではありませんが、同業他社の状況を知るという意味で活用できるでしょう。

第2章　労務リスクを考える

図表 2-5　業種別に見た主な労務リスクの発生項目

業種	労務リスク
建設業	・労働時間の把握 ・長時間労働 ・管理監督者の取り扱い（現場監督の取り扱い） ・請負社員の取り扱い ・労働災害の取り扱い（労災隠し）
製造業	・時間外手当の支払い ・労働時間の端数処理 ・安全衛生管理体制の整備 ・請負社員・派遣社員の取り扱い ・外国人労働者の取り扱い
IT 関連業	・時間外手当の支払い ・長時間労働 ・請負社員の取り扱い（偽装請負問題） ・労働時間制度の整備（裁量労働制の運用） ・健康診断の実施（深夜業）
運輸業	・時間外手当の支払い ・長時間労働 ・労働時間制度の整備（変形労働時間制の活用） ・請負社員の取り扱い（傭車契約の取り扱い） ・自動車運転者の改善基準遵守
卸売・ 小売業	・時間外手当の支払い ・アルバイト・パートタイム労働者の社会保険加入 ・長時間労働 ・労働時間制度の整備（変形労働時間制の活用） ・管理監督者の取り扱い（店長の取り扱い）
不動産業	・時間外手当の支払い ・長時間労働 ・営業社員の取り扱い（事業場外労働の取り扱い） ・歩合給の取り扱い（割増賃金への算入） ・解雇の取り扱い
宿泊業・ 飲食店	・時間外手当の支払い ・アルバイト・パートタイム労働者の社会保険加入 ・長時間労働 ・管理監督者の取り扱い（支配人・副支配人・料理長・店長等の取り扱い） ・休憩時間の取り扱い
教育・ 学習支援業	・時間外手当の支払い ・アルバイト・パートタイム労働者の社会保険加入 ・長時間労働 ・解雇の取り扱い ・労働時間制度の整備（裁量労働制の運用）
医療・福祉	・長時間労働 ・時間外手当の支払い ・労働時間の把握 ・アルバイト・パートタイム労働者の社会保険加入 ・管理監督者の取り扱い（師長・主任・営業所長等の取り扱い）

41

第 3 章

労務コンプライアンス調査
の方法

1 ┃ 自社で行う労務コンプライアンス調査の流れ

2 ┃ 調査項目範囲の特定

3 ┃ 調査展開範囲の特定

4 ┃ 調査主体とインタビュー対象者の特定

5 ┃ 労務リスクのレベル

6 ┃ 報告書作成の留意点

1 | 自社で行う労務コンプライアンス調査の流れ

[1] 外部に依頼するか、自社で実施するか

　自社の労務リスクを明らかにするために労務コンプライアンス調査を実施する場合は、一般的に社会保険労務士に依頼するか、自社で行うかを選択することになります。

　社会保険労務士に依頼する場合は、顧問契約をしている社会保険労務士が一番よいと思いますが、そもそも業務として行っていないこともありますので、そのときは労務コンプライアンス調査を実施している社会保険労務士に依頼することとなります。

　しかし、社会保険労務士に依頼するということは、第三者の目線からチェックを受けるというメリットがある半面、当然コストが発生することにもなるので、できれば自社で実施したいという声も聞きます。したがって、この章では、労務コンプライアンス調査を自社で実施するケースを想定して解説します［図表 3-1］。

図表 3-1　労務コンプライアンス調査の流れ

STEP 1	調査項目範囲の特定	※できる限りすべての項目を実施し、問題が特定できている場合には範囲を絞ることも可能
STEP 2	調査展開範囲の特定	※多店舗展開している場合には、どこまでやるのかを検討する必要がある
STEP 3	調査の実施	※インタビューの対象者は運用実態を把握している者まで行うことが望ましい
STEP 4	報告書の作成	※労務リスクのレベル感を表示することが重要
STEP 5	報告会	
STEP 6	改善の実施	

第3章　労務コンプライアンス調査の方法

［2］全体の流れを理解する

（1）調査項目範囲の特定

　労務コンプライアンス調査を実施する際、最初に調査項目範囲の特定を行います（調査項目範囲の具体的な特定方法は、47 ページ）。ここでいう調査項目範囲とは、調査の対象とする項目の範囲という意味であり、具体的には労働時間制度のみとする、労働安全衛生は除く、というようなケースが該当します。

（2）調査展開範囲の特定

　次に、調査展開範囲の特定を行います（調査展開範囲の具体的な特定方法は、49 ページ）。この調査展開範囲とは、本社のみの会社であれば関係ありませんが、例えば支店や営業所、あるいは多店舗展開している会社や、異なる業種を複数展開している会社、子会社等の関連会社を有する会社など、どのあたりまで調査を展開するか決めることをいいます。

（3）調査の実施

　それぞれの範囲を特定した後、調査の実施となります。その際、どの部門が主管して調査を行うかによって、インタビューの対象者が異なってくるため、インタビュー対象者を決定しておく必要があります。

　内部監査室や独立した特別プロジェクトチームが実施する場合であれば、人事担当者を中心としたインタビューになります。また、人事担当者が、自ら調査を行う場合、全社の人事労務のことは把握しているので、インタビュー対象者を設定しない場合も考えられます。しかし、どちらの場合であっても、できる限り現場の責任者や支店の責任者のような、現場での運用実態を把握している立場の者に、インタビューをすることが望ましいといえます。

（4）報告書の作成

　次のステップが、調査の結果をとりまとめ、分析した報告書の作成となります。経営陣への報告書になりますので、単純にできていないことを指摘・羅列しただけでは、何に対してどう優先順位をつけて取り組んでいけ

45

ばよいのか、経営判断ができません。

　したがって、それぞれの指摘事項が労務リスク的にどのレベルであるのかを明示しておくことが重要となってきます〈➡55ページ〉。

（5）報告会

　経営陣への報告会となります。調査結果を細部まで説明する機会とするか、優先課題に対する改善方針をディスカッションする機会とするか、目的に応じて所要時間を判断し、スケジュール調整することになります。

（6）改善の実施

　報告を受け、経営判断の結果、問題となっている労務リスクを全社的に解決するために優先順位を決めて取り組んでいくことになります。この解決策の実行こそ、「労務コンプライアンス調査」の目的であり、指摘の羅列のみで決して終わることがないようにしてください。

第3章　労務コンプライアンス調査の方法

2 | 調査項目範囲の特定

［1］初めて実施する会社はすべての範囲を網羅する

調査項目範囲の特定の仕方は、その会社が置かれている状況によって異なってきますが、一般的には［図表3-2］に示した九つの範囲に対して網羅的に行うことが望ましいといえます。初めて労務コンプライアンス調査を実施する会社では、気づかないところで法令違反のリスクが潜んでいることがあるため、すべての範囲に対して行わなければならないといえるでしょう。

特に漏れてしまいがちなのが、範囲7「障害者・外国人・短時間労働者・労働者派遣等」と範囲8「健康・安全衛生」の項目です。

図表 3-2　調査項目範囲

	項目	具体例
範囲1	雇用管理	社員区分、募集、採用、試用期間、異動、休職、懲戒、退職、解雇に関する事項
範囲2	服務規律	服務規律、服務心得、兼業、機密保持、損害賠償、ハラスメントに関する事項
範囲3	賃金管理	賃金の支払い、時間外手当の計算、控除の計算、賞与・退職金に関する事項
範囲4	労働時間・休日	労働時間、休日、休憩に関する事項
範囲5	年休・法定休業・休暇	年次有給休暇、産前産後休業、生理休暇、育児休業、介護休業等に関する事項
範囲6	就業規則・労使協定・法定帳簿	就業規則、労使協定、労働者名簿、賃金台帳、出勤簿、年次有給休暇管理簿に関する事項
範囲7	障害者・外国人・短時間労働者・労働者派遣等	高齢者雇用、障害者雇用、外国人雇用、派遣労働者に関する事項
範囲8	健康・安全衛生	健康診断、長時間労働、安全衛生管理体制に関する事項
範囲9	労働保険・社会保険	労働保険・社会保険に関する事項

47

（1）範囲 7「障害者・外国人・短時間労働者・労働者派遣等」

　障害者・外国人・短時間労働者・労働者派遣等に関してのテーマですが、どこまで広げればよいのかという点で迷われているケースもあろうかと思います。基本的には、高齢者雇用、障害者雇用、外国人雇用というように、法律上の義務だけでなく、行政に書類の提出が必要となる項目をマスト事項とするのがよいでしょう。その意味では、次世代育成支援対策推進法、女性活躍推進法についても確認することが望ましいといえます。

　さらに、派遣法に基づき、派遣を行っている事業者（派遣元）や派遣労働者を受け入れている事業者（派遣先）についても、それぞれにおいて確認すべき点が発生します。

（2）範囲 8「健康・安全衛生」

　また、健康・安全衛生については、安衛法のすべての分野をカバーするということではなく、通常は健康診断と安全衛生管理体制をメインに確認するのが適当です。

　しかし、業種によっては、有機溶剤に関する取り扱いや機械・設備の点検などについても確認する必要があるケースも想定されます。

［2］2 回目以降の調査について

　2 回目以降の調査を行う場合は、すべての調査項目範囲を網羅する必要はありません。その場合は、重点項目として取り上げる項目範囲のみでよく、一般的に、範囲 4「労働時間・休日」のみを確認するケースが多いです。なぜなら、労働時間については、制度自体は変わらなくても、現場での取り扱いが日を追うごとに緩慢になっていくことも考えられ、結果として正しい運用ができなくなっているケースがあるためです。

第3章 労務コンプライアンス調査の方法

3 調査展開範囲の特定

［1］会社の形態ごとに範囲は異なる

　調査展開範囲の特定の仕方は、会社によってアプローチが全く異なります。会社の形態は、大きく分けて次のように分類できます。

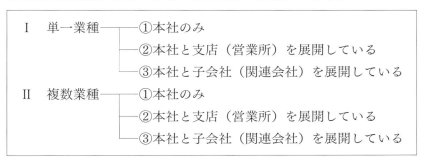

［2］単一業種の場合

　Ⅰ－①であれば、調査展開の範囲は単一の業種に関して本社のみで行うため、検討に迷うケースは少ないと考えられます。

　Ⅰ－②のケースにおいて、支店や営業所の数が1カ所か2カ所であれば、同時に確認することも可能ですが、例えば10カ所以上というように、多くの支店や営業所がある場合や、飲食業や小売業のように、多店舗展開で複数の事業場があるというケースもあります。その場合、本来はすべての事業場を確認するのがよいのですが、時間や地理的な問題から難しいのが実情と思われます。その場合は、パイロット営業所を選出して行うのがよいでしょう［図表3-3］。つまり、同じ支店の下で同じように労務管理をしている営業所は、一つ確認すれば、そのほかについても同じような運用ができているであろうという前提です。裏を返せば、支店長や営業所長に現場の労務管理を任せており、統一的に管理していないということであれば、やはり全営業所のチェックが必要になります。

　Ⅰ－③のケースについても、考え方は基本的にⅠ－②と同様です。異な

図表 3-3　支店・営業所がある場合

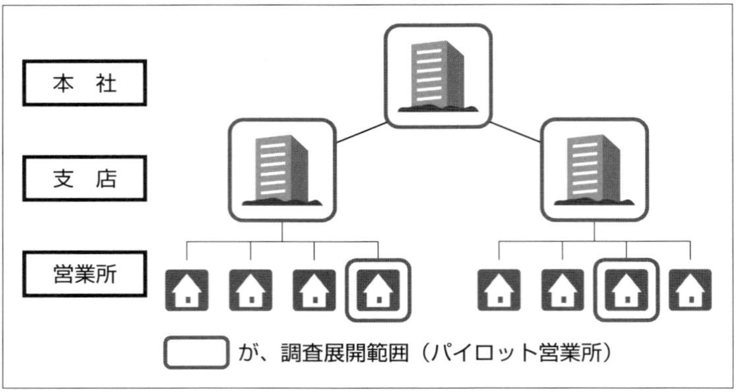

本　社

支　店

営業所

　　　が、調査展開範囲（パイロット営業所）

る点があるとすれば、法人の単位が異なるため、法律の遵守義務も法人ごとになり、それぞれの子会社や関連会社において全項目の調査が求められることになります（支店や営業所であれば、調査範囲は労働時間の運用等に限定できますが、子会社や関連会社となると、そうした限定した調査では不十分です）。

　なお、"ホールディングカンパニー"は、このⅠ－③に該当します。

[3]　複数業種の場合

　複数の業種を展開している会社であれば、業種ごとに調査を行う必要があります。なぜならば、業種ごとに労働時間制度も異なれば、労働安全衛生の基準も異なることが想定されるためです。例えば、宿泊業であれば、管理部と接客、清掃、料理、給仕で働き方はさまざまです。このように業種が多岐にわたる場合は、必然的に作業量としては増加するので、スケジュールにはゆとりを持って実施する必要があります。

　Ⅱ－①～③の違いは、Ⅰと同様な考え方で実施することになりますので、Ⅱ－②や③のケースは、数カ月をかけて行う一大プロジェクトになることも想定しておいてください。

第3章　労務コンプライアンス調査の方法

4 ｜ 調査主体とインタビュー対象者の特定

［1］調査を主導するのはどこか

　労務コンプライアンス調査は、いうなれば「会社のできていない点を報告する」という意味合いのものです。したがって、先述したように、第三者に依頼することで厳しい部分に対しても指摘してもらえるという効果がある一方、コストなどのさまざまな事情から社内で実施したいという要望も少なくありません。

　その場合、調査主体として考えられるのは、①人事部（総務部や管理部も含む）、②内部監査室、③特別プロジェクトチームの三つです。

　実務上は、①の場合が特に運用が難しいといえます。というのも、人事部（総務部や管理部など名称は異なっても人事労務管理を主管している部署のこと）としては、自ら主管してきた事項について、実は間違っていたという報告をすることは立場上難しい事情があります。また、これくらいは実務上大丈夫だろうという長年の経験則があるため、正確な労務リスクが経営としては把握しにくいという点もあります。したがって、①で実施するならば、外部から人事経験豊富な人材を人事部に採用するなどして、過去とのしがらみがない人材に責任と権限を与えて実施するなど、限定的に考えるのが無難と思われます。

　そのため、自社で行う場合の調査主体は、②や③のほうが実施しやすいといえます。

　②の場合であれば、内部監査室の調査範囲は多岐にわたる中の一つとして人事労務監査を実施しているケースもあります。この人事労務監査の幅を広げて労務コンプライアンス調査として実施するのが望ましいといえます。独立性を有している機関であるため、経営としても、そのレポートは信頼できるものとなります。

　しかし、内部監査室の担当者は、財務・会計の知識は豊富であっても、人事労務の知識に精通していないケースもあります。したがって、内部監

51

査室のメンバーだけではなく、労務に詳しい人材を加えるという意味で、
③の特別プロジェクトチームを編成することも現実的には考えられます。

　特別プロジェクトチームには、当然独立性が保てるような権限を与え、
客観的に調査ができる環境を提供する必要があります。このとき、顧問の
社会保険労務士をそのプロジェクトに加えることで、機能強化を図ること
が可能です。顧問契約をしている社会保険労務士であれば、調査費用を顧
問報酬内で対応してもらえる可能性もあります。もし、別途料金が発生す
る場合でも、調査をすべて依頼するよりはコストを抑えられるでしょう。

[2] インタビュー対象者に誰を選ぶか

　労務コンプライアンス調査には、就業規則や労使協定、タイムカードな
どの実物を確認する局面がありますが、規程と運用に乖離(かいり)がないかどうか
は、実際に現場の責任者や管理者にインタビューしなければ分からないこ
ともあります。したがって、事前にインタビュー対象者を決定しておき、
調査日にアポイントメントをしておかなければ調査は前に進みません。

　一般的には、次のような人たちがインタビュー対象者となります。

【本社】
①社長：会社の労務コンプライアンスに対する意識を確認する
②人事労務担当役員：会社の労務コンプライアンスに対する意識を確
　認する＋把握している問題点を確認する
③人事労務担当部長（課長・マネジャー）：②に同じ
④人事労務担当者（給与業務担当者・福利厚生担当者・安全衛生担当
　者など）：個別の質問に対して回答してもらう
【支店・営業所・店舗】
⑤支店長・営業所長・店長：把握している問題点を確認する
⑥実務担当者：個別の質問に対して回答してもらう

第3章　労務コンプライアンス調査の方法

5 ┃ 労務リスクのレベル

[1] 労務リスクとその影響度を把握する

　労務コンプライアンス調査を実施し、報告書を作成する際に、それぞれの指摘事項や要改善事項が、どの程度の労務リスクを有しているのかを明確にする必要があります。

　経営としては、問題点が記載してあるだけでは、それが顕在化した場合に想定される労務リスクが把握できないため、客観的に分かるように報告しなければ、せっかくの調査も意味がなくなってしまいます。

　例えば、同じ労務リスクであったとしても、放置しておくと数千万円、規模によっては数億円の資金の支払いを伴うリスクがある事項と、法違反ではあるものの、顕在化した場合でも特に資金の支払いが発生せず、そのほかの範囲にも影響を及ぼさない事項であれば、どちらも最終的には改善しなければならないものの、優先順位をつけて取り組む必要があるのは前者であることは、経営の立場からすれば異論はないといえるでしょう。

[2] 労務リスクのレベル分け

　労務リスクのレベル分けに、特にルールが存在するわけではないので、各社ごとの問題意識に応じて実施することで支障ありません。

　参考までに、当社が実施する労務コンプライアンス調査では、労務リスクのレベルを4段階に分けて提示しています［図表3-4］。

　4段階に分類する基準は、以下の3点です。

①問題が顕在化した場合の「財務的影響度」
②対応の「難易度」
③対応の「緊急度」

　これらを個別に判定して、最終的に労務リスクの重要度に応じて四つのレベルに分類します。

53

図表 3-4　労務リスクのレベル分けの一例

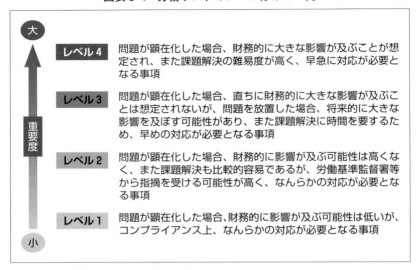

　例えば、①財務的影響度については、税引前当期純利益の5％以上であればレベル4とするなど、各社の基準に合ったレベル分けと定義づけを行うことが可能です。

第3章　労務コンプライアンス調査の方法

6 | 報告書作成の留意点

［1］報告書は二つのポイントを押さえる

　労務コンプライアンス調査を実施した後は、それを経営陣に分かりやすく報告する必要があります。

　ここでは、次ページに報告書のサンプルを掲げていますので、それを参考に作成していただくのもよいでしょう。

　報告書を作成する際のポイントは、次の2点が重要となります。

---

　①一覧にすることで、どのような労務コンプライアンス上の課題が生じているのかが一目で分かるようにする

　②労務リスクをレベル順に記載することで、何が一番大きな問題であるか、何が軽微な問題であるかを分かるようにする

　サンプルでは、レベル3とレベル4しか載せていませんが、実際にはレベル1からレベル4まで色分けすることで、視覚的にもより分かりやすくする工夫をしています（実際の報告書では、レベル4が赤でレベル3がオレンジといったように、徐々に淡色に変化させています）。

　当社で実施する労務コンプライアンス調査の結果を平均すると、1社当たり20～25項目程度を取り上げることが多く、報告書の分量はA3判で3～4枚程度になることが多く見られます。

［2］その他のポイントとして

　報告書を作成する際のその他のポイントとしては、時間が経過してから報告書を確認した際、どの資料を基に作成したのかが分かるように証拠を記載しておくことも重要になります。

　したがって、調査に当たり確認した資料は、「○年○月○日付改定の就業規則」や、「○年○月（社員名）の出勤簿」「（社員名）の雇用契約書」というように日付を記録しておくことで、将来振り返る際に一目で分かり

55

〔サンプル〕 労務コンプライアンス調査報告書

当社における、労務リスクと認識される項目およびリスクの測定結果は、次のとおりです。

No.	レベル	項目	概要
❶	4	割増賃金の計算	割増賃金の算定基礎に含める必要のある「特別手当」および「調整手当」が、計算から除外されています。
❷		36協定の締結・届け出	本社以外の各事業場において、「36協定」の締結・届け出がされていません。
❸		労働時間の把握・管理	休日勤務における勤怠システムの打刻、直行時の早出勤務における労働時間、始業前・終業後の着替え時間に課題があり、労働時間の把握・管理方法に不適切なケースがあります。
❹	3	労働保険の手続き	本社以外の各事業場における労働保険の成立、「雇用保険事業所非該当承認申請書」の届け出、雇用保険被保険者の喪失手続きに課題があり、労働保険の手続きに不備が生じている状況です。
❺		長時間労働への対応	「36協定」に定める延長することができる時間外労働時間数・休日労働時間数を超えて時間外労働が行われており、また、長時間労働者への安全衛生面からの対策を講じる体制が整備されていません。
❻		諸規程の整備	「就業規則」の記載内容、本社以外の常時10名以上が所属する事業場における「就業規則」の届け出、「契約社員・アルバイト就業規則」の整備について課題が生じています。

やすくしておく工夫が必要です（調査資料として、コピーをとってまとめておくという工夫も必要です）。

第 **4** 章

労務コンプライアンス上の課題

第 1　雇用管理

第 2　服務規律

第 3　賃金管理

第 4　労働時間・休日

第 5　年休・法定休業・休暇

第 6　就業規則・労使協定・法定帳簿

第 7　障害者・外国人・短時間労働者・労働者派遣等

第 8　健康・安全衛生

第 9　労働保険・社会保険

チェックリストの利用法

　本章では、それぞれの項目に「チェックリスト」を記載しました。このチェックリストに沿って、自社の遵守状況や適用状況に基づき「Y」(Yes)もしくは「N」(No)の欄にチェックを入れることで、網羅的にカバーできる構成にしてあります。

　このチェックリストが「Y」であれば、コンプライアンス上の問題がないという判断になっています。チェックリストが「N」の場合、コンプライアンス上の問題が生じているケースもありますが、例えば特別休暇のように、法律上導入することが求められていない項目も一部あるので、「N」となった場合は、それがコンプライアンス上の問題となるのかどうかについて解説で詳細を確認してください。

　また、例えば専門業務型裁量労働制を導入していない会社であれば、その項目のチェックリストは不要ですので、すべてのチェックリストに回答しなければならないというものではありません。それと同時に、運送業であれば、「自動車運転者の労働時間等の改善のための基準」というルールも遵守する必要があるように、業種によっては本書記載の項目以外にもチェックしなければならない内容もあるため、自社で「労務コンプライアンス調査」を行う場合は、その業種に合わせてチェックリストを追加するなどの対応が必要となる場合もあります。

　ぜひ、本書のチェックリストを参考に、自社オリジナルの「労務コンプライアンス調査」項目表を作成の上、実施してください。

第4章　労務コンプライアンス上の課題

第1　雇用管理

1 | 社員区分

　労働者とは、職業の種類を問わず、事業または事務所に使用される者で、賃金を支払われる者をいいます（労基法9条）。したがって、労基法では、社員の区分について特に何らかの定義をしているわけではありません。正社員、契約社員、パートタイム労働者等の呼称にかかわらず、すべて労働者という概念でくくられています。

　一般的に正社員とは、①期間の定めのない雇用契約を締結し、②賃金が月給制（または日給月給制、年俸制）で支払われ、③フルタイムで勤務し、④直接雇用される労働者を指します。これに対し、契約社員やパートタイム労働者等（以下、非正社員）は、期間の定めのある雇用契約を締結し、賃金が日給や時給で支払われ、フルタイムまたは短時間で勤務する労働者を指します。

　社員区分は、会社ごとに定められますが、それぞれの労働条件を整理した上で、就業規則等に明確に定義しておくことが重要です。

	チェックリスト		
①	すべての社員区分について、定義づけをしている	Y	N
②	就業規則等に、すべての社員区分の定義を明確に規定している	Y	N
③	正社員と労働条件が異なる非正社員に適用される、別の就業規則等を定めている	Y	N
④	社員区分とその労働条件を就業規則等に規定していない場合、個別の雇用契約書に定めている	Y	N

代表的な労務コンプライアンス上の課題と対応方針

[1] 正社員と非正社員の違い

　正社員は、会社にとって主力となる労働力として、長期雇用を前提としている者である一方、非正社員は、一時的または臨時の労働力という位置づけであることが一般的です。基本的に終身雇用で会社の主軸を担う役目

59

を持たせるのが正社員であり、臨時的な労働力不足への対応や、単純作業や補助的業務への対応、または一時的に専門的技能を持った者を必要とするときは非正社員を活用するという場合が多いといえます。

[2] 代表的な非正社員の区分

(1) 契約社員

　一般的に契約社員とは、期間の定めのある雇用契約を締結している社員をいいます。

(2) パートタイム労働者、アルバイト

　一般的にパートタイム労働者、アルバイトとは、正社員と比べて所定労働時間が短い社員をいいます。パートタイム労働者とアルバイトに、法令上の違いはありません。

(3) 派遣労働者

　会社が直接雇用する社員ではなく、他の使用者（派遣会社）が雇用する社員であり、会社に派遣され、会社の指揮命令の下で働く社員をいいます。派遣労働者は労働者派遣法に基づく派遣労働者として、法律で明確に定義されています。

[3] 区分定義の重要性

　会社が、社員区分により労働時間や賃金等について異なる労働条件を定めた場合であっても、社員区分ごとの定義が明確にされていない場合、その労働条件が正しく適用されない可能性があります。

　労務コンプライアンス上は、適用される労働条件が異なる社員の範囲を整理した上で、就業規則等においてその定義を明確にし、おのおのの社員に適用される就業規則等や労働条件の範囲を明らかにしておくことが重要です。また、就業規則等に規定していない場合は、個別に締結する雇用契約において、適用する労働条件が明示されているか否かを確認する必要があります。

第4章　労務コンプライアンス上の課題

2 ｜ 募集

　労働者の募集とは、「労働者を雇用しようとする者が、自ら又は他人に委託して、労働者となろうとする者に対し、その被用者となることを勧誘すること」をいいます（職安法4条5項）。

　募集については、募集の方法や募集条件の明示等に規制が設けられています。また、青少年を募集する際には、事業主等が講ずべき措置に関する指針があり（若者雇用促進法）、注意が必要です。

チェックリスト

			Y	N
①	合理的な理由	募集および採用時に、合理的な理由（以下の項目）がある場合を除き、年齢制限を行っていない	Y	N
		a．定年年齢を上限として、その上限年齢未満の労働者を期間の定めのない労働契約の対象として募集・採用する場合		
		b．労基法等法令の規定により年齢制限が設けられている場合		
		c．長期勤続によるキャリア形成を図る観点から、若年者等を期間の定めのない労働契約の対象として募集・採用する場合		
		d．技能・ノウハウの継承の観点から、特定の職種において労働者数が相当程度少ない特定の年齢層に限定し、かつ、期間の定めのない労働契約の対象として募集・採用する場合		
		e．芸術・芸能の分野における表現の真実性等の要請がある場合		
		f．満60歳以上の高年齢者、就職氷河期世代（昭和43年4月2日から昭和63年4月1日までに生まれた者）または特定の年齢層の雇用を促進する施策（国の施策を活用しようとする場合に限る）の対象となる者に限定して募集・採用する場合		
②	適用除外要件	募集および採用時に、均等待遇確保の支障となる事項の改善を目的とする場合や適用除外要件（以下の項目）に該当する場合を除き、性別による差別を行っていない	Y	N
		a．（ⅰ）芸術・芸能の分野における職務、（ⅱ）守衛・警備員等のうち防犯上の要請がある職務、（ⅲ）宗教上、風紀上、スポーツにおける競技の性質上、その他の業務の性質上、男女のいずれかのみに従事させることについて、（ⅰ）（ⅱ）と同程度の必要性があると認められる職務		
		b．労基法等法令の規定により、通常の業務を遂行するために、労働者の性別にかかわりなく均等な機会を与え、または均等な取り扱いをすることが困難であると認められる場合		

61

	c．風俗、風習等の相違により男女のいずれかが能力を発揮し難い海外での勤務、その他特別の事情により労働者の性別にかかわりなく均等な機会を与え、または均等な取り扱いをすることが困難であると認められる場合		
③	社員以外の者を募集業務に従事させる場合、厚生労働大臣の許可（または届け出）を受けて行っている	Y	N
④	募集要項に明示すべき条件をすべて記載している	Y	N
⑤	中途採用比率を公表している（常用労働者数が301人以上の場合）	Y	N
⑥	中途採用比率は、直近3事業年度の各年度について、おおむね年に1回公表している	Y	N
⑦	中途採用比率は、インターネットの利用その他の方法により、求職者等が容易に閲覧できる方法で公表している	Y	N

代表的な労務コンプライアンス上の課題と対応方針

［1］ 募集に関する規制

　労務コンプライアンス上、次の事項について自社で問題なく行われているかどうかの確認が必要となります。

（1）年齢に関する規制

　会社は、合理的な理由がある場合を除き、社員の募集および採用について、その年齢にかかわりなく均等な機会を与えなければならず、応募資格に年齢を設けることは、原則として認められていません（労働施策総合推進法9条）。

（2）性別に関する規制

　会社は、一定の職務上の必要や目的がある場合を除き、社員の募集および採用について、その性別にかかわりなく均等な機会を与えなければならず、特定の性別のみを募集対象とするなどの行為は禁止されています（均等法5条）。

（3）委託募集に関する規制

　会社は、社員以外の者に報酬を与えて社員の募集業務に従事させようとする場合は、厚生労働大臣の許可を受けなければならず、かつ、その報酬額についてはあらかじめ同大臣の認可を受けなければなりません。また、

第4章　労務コンプライアンス上の課題

無報酬の場合であっても、同大臣に届け出なければなりません（職安法
36条）。

　グループ企業が一括採用を行う場合等は、グループ内の一企業が募集の
委託業務を担うケースがありますが、その際は、委託募集に関する規制に
注意して実施する必要があります。

［2］ 募集条件の明示

　会社は、社員を募集する段階で、次の事項を明示しなければなりません
（職安則4条の2第3項ほか）。

①労働者が従事すべき業務の内容に関する事項（従事すべき業務の内
　容の変更の範囲を含む）
②労働契約の期間に関する事項
③試みの使用期間に関する事項
④有期労働契約を更新する場合の基準に関する事項（有期労働契約の
　通算契約期間または有期労働契約の更新回数に上限の定めがある場
　合には当該上限を含む）
⑤就業の場所に関する事項（就業の場所の変更の範囲を含む）
⑥始業および終業の時刻、所定労働時間を超える労働の有無、休憩時
　間および休日に関する事項
⑦賃金（退職手当および臨時に支払われる賃金等を除く）の額に関す
　る事項
⑧健康保険、厚生年金、労働者災害補償保険および雇用保険の適用に
　関する事項
⑨労働者を雇用しようとする者の氏名または名称に関する事項
⑩労働者を派遣労働者として雇用しようとする旨
⑪就業の場所における受動喫煙を防止するための措置に関する事項
⑫裁量労働制の場合はみなし労働時間

63

⑬固定残業代を採用する場合は固定残業代に係る計算方法、固定残業時間、固定残業代を除外した基本給の額、固定残業時間を超える時間外労働、休日労働および深夜労働分についての割増賃金を追加で支払う旨

また、募集内容の明示方法について、虚偽の表示または誤解を生じさせる表示をしてはならず、正確かつ最新の内容に保たなければなりません。例えば、「一般事務」ではなく、「パソコン操作、電話による応対の事務」と記載するなど、具体的な明示を行うことにより、応募者に対し誤解を生じさせることのないよう、的確に表示する必要があります（職安法5条の4）。

[3] 中途採用比率の公表

労働者の主体的なキャリア形成による職業生活のさらなる充実や再チャレンジが可能となるよう、中途採用に関する環境整備を推進するため、常時雇用する労働者数が301人以上の会社においては、正規雇用労働者の中途採用比率を公表する必要があります（労働施策総合推進法27条の2）。ここでの「正規雇用労働者の中途採用比率」とは、各事業年度に雇い入れた正規雇用労働者（パートタイム・有期雇用労働法2条に規定する「通常の労働者」）数に占める中途採用された正規雇用労働者数の割合を指します（令3.2.9　職発0209第3）。

なお、公表については、おおむね1年に1回以上、公表した日を明らかにして、直近の3事業年度について、インターネットの利用その他の方法により、求職者等が容易に閲覧できるように行わなければならないとされています（労働施策総合推進則9条の2）。

第 4 章　労務コンプライアンス上の課題

3 | 採用

　採用とは、「社員を雇い入れ、雇用契約を締結すること」をいいます。会社には、広く採用の自由が認められており、どのような者をどの程度採用するか、またどのような採用基準によって選考するかは、原則として、会社の裁量により自由に行うことができます。

　なお、採用については、次の事項のほか、「2　募集」の項〈➡ 61 ページ〉と同様に規制されている事項があるので、併せて確認する必要があります。

チェックリスト

①	採用面接時に、人種、民族、社会的身分、門地、本籍、出生地その他社会的差別の原因となるおそれのある事項に関する質問を行っていない	Y	N
②	採用面接時に、思想および信条に関する質問を行っていない	Y	N
③	採用面接時に、労働組合への加入状況に関する質問を行っていない	Y	N
④	内定を決定した者に対し、通知書を交付している	Y	N
⑤	内定を決定した者から、誓約書を受領している	Y	N
⑥	インターンの受け入れに当たり、指揮命令を行っている場合には、最低賃金額以上の賃金を支払っている	Y	N
⑦	入社前に研修を命ずる場合、賃金を支払っている	Y	N
⑧	入社前の研修の不参加をもって、内定取り消しとしていない	Y	N
⑨	社員が人材を紹介したことに対し、報酬を支給している場合は、その旨を「就業規則」等に定めている	Y	N
⑩	業務に無関係な事項や利用目的が明確でない個人情報について、内定を決定した者から収集していない	Y	N
⑪	採用時の健康診断を実施する場合、業務上必要でない健康診断を受診させていない	Y	N
⑫	前職の照会をする場合、利用目的の明示や第三者提供の同意を本人から得ている	Y	N
⑬	採用（内定）取り消しの事由について、就業規則等に定めている	Y	N
⑭	採用（内定）取り消しの事由は、合理的な内容となっている	Y	N
⑮	入社時の提出書類として、本籍が記載された住民票や戸籍謄本を求めていない	Y	N

⑯	入社時に身元保証書を提出させる場合、極度額（保証人が支払いの責任を負う金額の上限）および5年以内の有効期限を定めている	Y	N
⑰	未成年者（満18歳に満たない者）を雇い入れる場合、親権者等の同意を得ている	Y	N
⑱	年少者（満18歳に満たない者）を雇い入れる場合、その年齢を証明する書面を提出させている	Y	N

代表的な労務コンプライアンス上の課題と対応方針

　採用については、主に次の事項について、労務コンプライアンス上の課題が多く見受けられますので、確認しましょう。

[1] 採用面接

　採用面接において、募集業務に関係のない質問等は、特段の事情がない限り差し控えるべきとされています。特に、基本的人権にかかわる身上、経歴、思想・信条等に関する情報は、収集してはならないとされていますので、注意が必要です。

[2] 採用内定

　採用内定の定義や効力に関する事項は法令に規定されていませんので、採用内定に関する会社の義務や内定者の地位については、両当事者の合意内容や意思解釈に委ねられることとされています。

　採用することが決定した者に対しては、「通知書」を交付するなどして、内定に関する条件について書面で交わしておくとよいでしょう。

[3] 入社前研修の賃金

　過去の労務コンプライアンス調査では、入社前に1～3日程度の研修を実施している会社が見受けられますが、その際に賃金を支払っていないケースがありました。研修時の賃金として、通常の賃金と異なる金額を支払うことも可能ですが、最低賃金額以上の支払いが必要となりますので、

第 4 章　労務コンプライアンス上の課題

注意を要します。

［4］紹介手数料

　社員が会社に対して人材の紹介を行い、その者が会社に入社した場合（いわゆる社員紹介制度、リファラル制度）に「紹介手数料」のような報酬を支払うケースがあります。この場合は、賃金である旨を就業規則等に規定し、賃金として支給する範囲において行うことが可能とされていますので、運用の際には注意する必要があります。

［5］個人情報の収集

　原則として、業務上の必要性があり、収集目的を示して本人から収集する場合を除き、一定の個人情報は収集してはなりません。特に健康情報の収集については、採用後の健康配慮義務の判断に必要な範囲で行うなど、慎重に対応しましょう。また、採用に際し、健康診断を行う場合は、その必要性や目的を説明した上で実施します。

4 | 雇用契約

　会社は、雇用契約の締結に際し、すべての労働者に対して、「労働条件」を明示しなければなりません。労働条件のうち、一定の事項については書面で明示する義務があります。ただし、労働者が希望した場合は FAX や電子メールなどで明示することもできます（書面として出力できるものに限ります）。また、期間の定めのある雇用契約は、契約期間の上限や契約更新に関する一定のルールが設けられていますので、留意が必要です。

チェックリスト

①	雇用契約の締結時に、すべての社員に対し、労働条件に関する通知書を交付している（または契約書を締結している）	Y	N
②	書面で明示すべき事項は、すべて記載している	Y	N
③	雇用契約の内容について、十分に説明を行っている	Y	N
④	満 60 歳以上の社員に対して、5 年以上の雇用契約を結んでいない	Y	N
⑤	高度の専門的知識等を有する社員に対して、5 年以上の雇用契約を結んでいない	Y	N
⑥	④と⑤以外の社員に対して、3 年を超える雇用契約を行っていない	Y	N
⑦	極端に短い契約期間で雇用契約を結び、反復更新を行っていない	Y	N
⑧	有期雇用契約の場合、契約更新の有無、契約更新の際の判断基準、通算契約期間または更新回数に上限を定めている場合には当該上限を明示している	Y	N
⑨	有期雇用契約の場合、「無期転換申込権」が発生する更新のタイミングごとに、無期転換申込機会および無期転換後の労働条件を明示している	Y	N
⑩	有期雇用契約を更新しない場合、その理由について提示を求められたときは、「証明書」を交付している	Y	N
⑪	雇用契約を 3 回以上更新した者、または雇入れ日から起算して 1 年を超えて継続勤務している者に対して、契約を更新しない場合、契約満了日の 30 日前までに予告を行っている	Y	N
⑫	雇用契約の更新手続きを行っている（形骸化していない）	Y	N

第 4 章　労務コンプライアンス上の課題

代表的な労務コンプライアンス上の課題と対応方針

[1] 雇用契約の期間

　雇用契約は、期間の定めのないものを除き、原則として 3 年（一定の者との間の契約は 5 年）を超える期間について締結してはなりません（労基法 14 条）。また、有期雇用契約を締結する際は、契約更新の有無、契約更新がある場合はその判断基準、通算契約期間または更新回数に上限を定めている場合には当該上限が明示されているかを確認しなければなりません（労基則 5 条 1 項 1 号の 2）。なお、更新回数の上限を新設・短縮する場合には、更新上限の新設・短縮前にその理由を説明する必要があり、また、いわゆる「無期転換申込権」が発生する更新のタイミングごとに、無期転換申込機会および無期転換後の労働条件を明示しなければなりません〈➡ 94 ページ〉（有期労働契約の締結、更新、雇止め等に関する基準〔平 15.10.22　厚労告 357、最終改正：令 5.3.30　厚労告 114〕）。

[2] 雇用契約の記載事項

　会社は、雇用契約の締結に際し、次の①〜⑭の事項が明示されているかを確認しなければなりません（労基法 15 条）。ただし、次の⑦〜⑭に掲げる事項についての明示は、定めを置く場合に限られています（労基則 5 条）。また、明示すべき事項が膨大になる場合には、適用される就業規則の関係条項名を網羅的に示すことで足りるとされています。

---

①労働契約の期間に関する事項

②有期労働契約を更新する場合の基準に関する事項（有期労働契約の通算契約期間または有期労働契約の更新回数に上限の定めがある場合には当該上限を含む）

③就業の場所および従事すべき業務に関する事項（就業の場所および従事すべき業務の変更の範囲を含む）

④始業および終業の時刻、所定労働時間を超える労働の有無、休憩時

間、休日、休暇ならびに労働者を2組以上に分けて就業させる場合
における就業時転換に関する事項

⑤賃金（退職手当および臨時に支払われる賃金を除く）の決定、計算
および支払いの方法、賃金の締め切りおよび支払いの時期ならびに
昇給に関する事項

⑥退職に関する事項（解雇の事由を含む）

⑦退職手当の定めが適用される労働者の範囲、退職手当の決定、計算
および支払いの方法ならびに退職手当の支払いの時期に関する事項

⑧臨時に支払われる賃金（退職手当を除く）、賞与および精勤手当・
勤続手当・奨励加給または能率手当ならびに最低賃金額に関する事
項

⑨労働者に負担させるべき食費、作業用品その他に関する事項

⑩安全および衛生に関する事項

⑪職業訓練に関する事項

⑫災害補償および業務外の傷病扶助に関する事項

⑬表彰および制裁に関する事項

⑭休職に関する事項

　なお、パートタイム労働者および有期雇用労働者は、上記の事項に加え
て、昇給の有無、退職手当の有無、賞与の有無、雇用管理の改善等に関す
る事項に係る相談窓口についても、文書による明示がされているかの確認
が必要です（パートタイム・有期雇用労働法6条、パートタイム・有期雇
用労働則2条）。

第4章　労務コンプライアンス上の課題

5 | 試用期間

　試用期間とは、「社員としての適性を判断するための期間」をいいます。一般的には、3カ月から6カ月程度の期間を「試みの使用期間」として設け、その期間中の業務の遂行状況により、本採用の可否を決定する方法がとられています。

　試用期間の有無や長さ、延長等に関する内容は、原則として、会社が自由に定めることができます。実際には、試用期間について定めた就業規則に基づいて運用されますので、そのルールを明確に規定しておく必要があります。

チェックリスト

①	試用期間の定めを設けている	Y	N
②	試用期間の長さは1年以内である	Y	N
③	試用期間の延長の規定を定めている	Y	N
④	試用期間を延長する場合の期限について定めている	Y	N
⑤	試用期間を延長する場合は、事前に本人へ延長する期間および理由を伝えている	Y	N
⑥	試用期間中または満了時に、社員として不適格と認められた場合、本採用をしない場合があることを定めている	Y	N
⑦	試用期間中の社員に適用する賃金について定めている	Y	N

代表的な労務コンプライアンス上の課題と対応方針

［1］試用期間の意義

　社員として本採用をする前に、その適格性を判断することを目的として設けられる試みの使用期間を試用期間といいます。試用期間を設けるか否かや、設ける場合の期間等については、原則として、会社が自由に決定することができます。

　試用期間を設けることにより、試用期間満了をもって雇用を終了できる

という合理的理由が得られる意味合いがありますが、それを理由に、何度も試用期間を延長したり、長い期間の試用期間を設定したりすることは、公序良俗違反として無効とされますので、試用期間の延長や長期間にわたって試用期間を適用する場合には、その定めたルールに従い慎重かつ適切に運用しているかを確認しましょう。

[2] 就業規則への記載

　会社と社員の間における個別の雇用契約において試用期間に関する特約を設けたとしても、労契法12条により、就業規則で定める基準に達しない労働条件を定める雇用契約は、その部分について無効であり、無効となった部分は就業規則で定める基準によるとされています。試用期間を設ける場合は、就業規則に、そのルールについてあらかじめ規定しておく必要があります。

[3] 試用期間に関する規定

（1）試用期間の延長

　試用期間の長さについて定めた法令はなく、1年に及ぶ試用期間を設けたとしても、雇用契約上の根拠があれば、法令上の規制を受けることはありません。ただし、その場合、延長が認められる根拠を就業規則に規定する必要があります。また、実際に延長する場合には、合理的な理由があることと、事前に本人へ延長する期間およびその理由を通知することが必要です。

（2）試用期間中または満了時の本採用拒否

　試用期間中または満了時に本採用を拒否する事由に、どのようなものを掲げるかについても、原則として会社の自由です。実際は、就業規則を適用することによって行われますので、その根拠となる判断基準を規定しておく必要があります。

（3）試用期間中の処遇

　試用期間中の社員の処遇について法令上の制限はなく、本採用後の社員よりも低額の賃金を設定することも可能です。その場合は、就業規則に趣旨や賃金体系等について規定しておくことが必要です。また、就業規則に規定することで、試用期間中の社員を休職制度の対象から除外することも可能です。

［4］運用との乖離

　試用期間中の労働条件について、就業規則等に規定された内容と異なった運用をされているケースがあるので、実態に合わせた規定としておくなど、労務コンプライアンス上、定めたルールに従った運用がされているかを確認しましょう。

6 | 人事異動

　人事異動とは、社内異動である「配置転換」と、社外異動である「出向」「転籍」とに大きく区分され、「社員が従事している業務内容や勤務場所等を長期間にわたり変更すること」をいいます。特に、その社員の住居の変更を伴うものを「転勤」というケースもあります。

　就業規則等に人事異動に関する旨を規定しておくことで、あらかじめ包括的合意がされていることから、会社は社員に対する命令権の根拠を有しているといえます。この場合、人事異動の必要性について合理的事由が存在している限り、会社は、その規定に基づく範囲で命令権を行使することができ、原則として、社員はこの命令に拘束されることとなります。

チェックリスト

配置転換			
①	配置転換について就業規則等に定めている	Y	N
②	会社が正当と認める場合を除いて、拒むことができない旨を定めている	Y	N
③	住居の変更を伴う場合の旅費について規定している	Y	N
④	単身赴任となる場合の各種援助について規定している	Y	N
⑤	勤務地限定採用者に対して、勤務地が変更となる配置転換を行っていない	Y	N
出向			
①	出向について就業規則等に定めている	Y	N
②	会社が正当と認める場合を除いて、拒むことができない旨を定めている	Y	N
③	出向者に適用される就業規則を定めている	Y	N
④	出向期間を定めている	Y	N
⑤	勤務地限定採用者に対して、勤務地が変更となる出向を行っていない	Y	N
⑥	労働条件等の詳細について出向契約書または出向通知書を締結している	Y	N
⑦	労災保険は出向先で適用している	Y	N
⑧	出向元から出向先への労務費の請求は適正な金額になっている（出向手数料が発生していない）	Y	N

転籍			
①	転籍について就業規則等に定めている	Y	N
②	転籍について個別契約または同意書を締結している	Y	N
③	勤務地限定採用者に対して、勤務地が変更となる転籍を行っていない	Y	N
④	社会保険・労働保険の適用は、転籍先でなされている	Y	N

代表的な労務コンプライアンス上の課題と対応方針

[1] 就業規則等への規定

　会社は、雇用契約に基づき、人員の配置に関する包括的な権限を社員から委ねられていると考えられます。人事異動の命令権を会社が有する根拠として、会社が配置転換等を命ずる（以下、配転命令）旨の規定を就業規則等に定めておきます。会社はこの規定を根拠に、包括的に合意されたものとして配転命令権を行使することができるため、人事異動を実施する場合は、就業規則等への記載がされているかの確認が必要です。

[2] 配転命令

　転居を伴う配転命令は、勤務場所の限定の合意がない限り、原則として有効とされています。ただし、その配転命令が、不当な動機や目的をもってなされたものであるとき、もしくはその社員に対し、その不利益の程度が通常甘受すべき程度を著しく超えるものであると認められるときは、その配転命令は権利濫用になるものとし、無効とされている判例（東亜ペイント事件　最高裁二小　昭 61.7.14 判決）もあります。配転命令を行う際は、社員の能力開発や業務の能率増進等の合理的な事由に基づき、その必要性に応じて行わなければなりません。

[3] 出向

　出向とは、「社員が会社（出向元）との間の雇用契約に基づく身分を保有しながら、第三者（出向先）の指揮監督下に労務を提供するという形態」

●「就業規則」の規定例

> （異動）
> 第〇条　会社は社員に対し、業務その他の都合により、職場・職種の変更を命じることがある。
> 2　職場・職種の変更を命じられた社員は、正当な理由なくこれを拒んではならない。
> （転居を伴う転勤異動）
> 第〇条　会社は、転居を伴う転勤を命じた場合は、転勤支援規程により必要な支援を行う。
> 2　会社は、海外への異動を命じた場合は、海外駐在員規程により必要な支援を行う。
> （出向）
> 第〇条　会社は社員に対し、業務その他の都合により、他社への出向を命じることがある。
> 2　出向を命じられた社員は、正当な理由なくこれを拒んではならない。
> （転籍）
> 第〇条　会社は社員に対し、他社への転籍を求めることがある。この場合、原則として、本人の同意を得るものとする。

をいいます。出向についても就業規則等に規定しておくことで命令権を有するとされていますが、出向元・出向先での労働条件等を説明する義務があり、これらを行わず出向を命じた場合、権利濫用として無効となり得ることがあるので、規定に従った出向手続きを適切に行いましょう。

[4] 転籍

転籍とは、「社員との雇用関係を解消して、他の会社との間で雇用関係を発生させること」をいいます。転籍は、会社（転籍元）との間の雇用契約を終了させる効果が生じることから、原則として個別の同意を転籍時に得ることが必要であり、出向同様、労働条件を明示するなどの義務がある

第4章　労務コンプライアンス上の課題

ので、実際に行う場合には手続きを適切に行いましょう。

[5] その他

　海外への配置転換や出向を行う場合、これまで述べた内容に加え、赴任地に応じた賃金の設計や、赴任中の社会保険の取り扱いなど、さまざまな点に配慮する必要があります。

7 | 休職

　休職は、法令で定められた事項ではないため、対象事由や取り扱いについて会社が任意に定めることができます。したがって、就業規則等でそのルールを明確に規定しておくことが重要です。

チェックリスト

欠勤期間

①	休職期間に入る前に、欠勤期間を具体的に設定している	Y	N
②	欠勤期間を社歴別や理由別にそれぞれ定めている	Y	N

休職手続き

①	休職を命じる手続きについて具体的に定めている	Y	N
②	休職の際に医師の診断書の提出または会社の審査を必要としている	Y	N

休職期間

①	休職期間を社歴別や理由別にそれぞれ定めている	Y	N
②	休職期間の延長規定を設けている	Y	N
③	休職期間を勤続年数に反映するか否かを定めている	Y	N
④	休職期間中の賃金支払いの有無について定めている	Y	N
⑤	休職期間中の社会保険料について定めている	Y	N
⑥	同一または類似の理由による休職期間の通算を定めている	Y	N

復職要件

①	復職に関するルールを定めている	Y	N
②	復職の際に医師の診断書の提出または会社の審査を必要としている	Y	N
③	必要に応じて原職と異なる職務に復職する可能性を定めている	Y	N
④	復職の取り消しについて定めている	Y	N

自然退職要項

①	休職期間満了日に復職できない場合には、自動的に退職となることを定めている	Y	N

第4章　労務コンプライアンス上の課題

代表的な労務コンプライアンス上の課題と対応方針

［1］休職とは

　休職とは、社員を会社の業務に従事させることが不適当か、もしくは不可能とする事由がある一方、社員としての身分を保有させておくべき事情がある場合に、社員としての籍を残したまま一定期間就労義務を免除する制度のことをいいます。

　休職については、具体的な基準やルールをあらかじめ定めておかないと、社員とのトラブルや社員間の不公平が生じやすい事項となりますので、就業規則等に明確に規定しておく必要があります。

［2］休職制度

（1）対象者

　休職制度の対象者については、原則として、会社が自由に決定することができます。ただし、非正社員については、同一労働同一賃金への対応を考慮することが必要です。対象者の範囲については、過去の事例を基に検討した上で、就業規則等に明確に規定しておきましょう。

（2）休職事由

　休職の事由については、主として、負傷・疾病による休職（傷病休職）が挙げられます。なお、不就労の場合だけでなく、度重なる遅刻や早退などの就労不完全の場合も休職扱いとして規定しておくとよいでしょう。

（3）休職期間

　休職期間の長さについて、法令上の規制はありませんので、社歴や理由により差を設けても問題はありません。休職期間の開始日については、社員の主治医や産業医等の診断書を参考に会社が決定するものとし、休職発令日を明確にすることが必要です。

　なお、疾病によっては、いったんは労務の提供が可能な状況に至ったとしても、再度休職や欠勤が必要な状態になることも想定されます。復職後同一または類似の傷病の再発のために欠勤し、または完全な労務の提供が

79

できない状況に至ったときは、休職期間を通算する旨を規定しておくとよいでしょう。

（4）復職要件

　復職の要件についても法令上の規制はありません。したがって、復職する際の要件、医師の診断書の提出義務や復職後の職務、復職の取り消し等について規定されているかを確認する必要があります。

　医師の診断書については、主治医のみならず、会社が指定する医師の診断を受けること、また、状況によっては産業医等による主治医への意見収集を行うことなどを規定しておきましょう。

　復職の決定に当たっては、「従前の業務に戻す」ことを原則としつつ、社員の主治医や産業医等の医師の診断書を参考に、会社や復職を受け入れる部署の状況等も考慮し、総合的に判断することが求められます。

（5）復職支援

　復職に当たっては、休職期間中から定期的に連絡を取ることや、ならし出勤等の復職支援制度を設けるなど、復職支援に関する体制を整備・ルール化しておくとよいでしょう。

（6）自然退職

　傷病休職の場合、傷病が治癒すれば復職となり、治癒せずに休職期間が満了すれば自然退職となるのが一般的です。

　この自然退職の定めがない場合、休職期間満了後に復職できない社員については、就業規則等の定めにより解雇等の取り扱いとなることに注意が必要です。なお、この場合の治癒については、「従前の職務を通常の程度に行える健康状態に復したとき」をいうとの裁判例（平仙レース事件　浦和地裁　昭40.12.16判決）に基づいて、産業医に相談する等の慎重な判断が求められます。

第4章 労務コンプライアンス上の課題

8 | 賞罰（表彰および制裁）

賞罰（表彰および制裁）については、会社が任意に定めることができます。ただし、労基法89条9号において、「表彰及び制裁の定めをする場合においては、その種類及び程度に関する事項」を就業規則に記載しなければならないとされています。

労務コンプライアンス上、表彰に関して問題となるケースはほとんどありませんが、しばしば就業規則へ記載せずに社内慣行として運用しているケースを目にします。賞罰についても社員の労働条件として位置づけられますので、就業規則に記載した上で適切に運用することが必要です。

なお、賞罰のうち制裁に関する事項は、「9 懲戒処分」の項〈➡ 83 ページ〉で触れますので、ここでは主に賞罰の決定および表彰に関する事項を説明します。

	チェックリスト		
①	賞罰を決定する機関を設けている（例：賞罰委員会など）	Y	N
②	賞罰委員会の構成員には、社員側を代表する者も含めている	Y	N
③	賞罰委員会について就業規則に定めている	Y	N
④	賞罰委員会における議事録を残している	Y	N
⑤	表彰の種類を定めている	Y	N
⑥	表彰の種類ごとにその内容を定義している	Y	N
⑦	表彰の事由を就業規則に定めている	Y	N
⑧	二つ以上の表彰を併せて行うことも可能なように定めている	Y	N
⑨	表彰の対象者を定めている（例：パートタイム労働者やアルバイトは除外する）	Y	N
⑩	退職予定者の取り扱いを定めている（例：表彰決定日に在籍する者であること）	Y	N

代表的な労務コンプライアンス上の課題と対応方針

[1] 賞罰を決定する機関を設置すること

通常は賞罰委員会などの名称で、適用する賞罰の種類などを検討する機

●表彰の事由の一般的な規定例

・業務上、有益な発明考案をし、著しく改善の効果があったとき
・業務に関して、顕著な功績があったとき
・品行方正、勤務成績優秀、職務に熱心で他の模範となるとき
・永年誠実に勤務したとき
・災害を未然に防ぎ、または災害の際、特に功労のあったとき
・その他、特に表彰に値する行為のあったとき

関を設置して運用します。取締役会などで審議するケースも多く見かけますが、できれば社員側を代表する者も構成員とした委員会等で審議することが望まれます。

[2] 表彰の種類を定義する

一般的な表彰の種類としては、表彰状授与、賞品授与、賞金授与、特別昇格・昇給、休暇付与といったものがあり、これら表彰の種類ごとに内容を定義しておくことが大切です。また、これらの種類を組み合わせて適用することがある場合には、その旨を就業規則に定めておきます。

[3] 表彰の対象者を明確にしておくこと

表彰の対象者を正社員以外の契約社員やパートタイム労働者等にも適用するか否かについて、明確にしておくことが必要です。なお、対象者を正社員に限定する場合には、同一労働同一賃金への対応に留意しましょう。

[4] 退職予定者の取り扱いを定めること

表彰の定義に該当する者であっても、事由によって退職予定者には適用しない場合は、その旨を定めておくことで無用なトラブルを防げます。

第 4 章　労務コンプライアンス上の課題

9 | 懲戒処分

　懲戒処分については、「8　賞罰」の項〈➡ 81 ページ〉で記載した表彰と同様に会社が任意で定めることができます。ただし、過去の労働判例や自社における過去の処分例などを考慮した内容とすることが重要です。また、懲戒処分は労基法 89 条 9 号における「制裁」に該当することから、表彰と同様にその種類と程度の内容について就業規則への記載が必須となります。

チェックリスト

懲戒処分の取り扱い			
①	懲戒事由に該当する場合のみ懲戒処分の対象としている	Y	N
②	過去の事例との整合性を図りながら懲戒処分を決定している	Y	N
③	懲戒に処すごとに、その他注意するごとに記録をとっている	Y	N
④	懲戒処分を決定する前に、本人から事情聴取・弁明の機会を設けている	Y	N
⑤	懲戒処分前に自宅待機を命ずる際は、原則として休業手当を支給している	Y	N
懲戒処分の種類と内容（解雇以外）			
①	譴責について定めている	Y	N
②	減給の制裁について定めている	Y	N
	・一つの事案に対する減給額を、平均賃金 1 日分の半額以下としている	Y	N
	・遅刻・早退が一定数を重ねたことで欠勤扱いとなる場合は、懲戒扱いとしている	Y	N
	・複数の事案に対する減給額を、賃金支払い期間における賃金総額の 10 分の 1 を超えないものとしている	Y	N
	・一つの事案に対して、給与月額の 10 分の 1 カット等の処分を数カ月にわたり行っていない	Y	N
③	出勤停止について定めている	Y	N
	・出勤停止期間について定めている（14 日以内が望ましい）	Y	N
④	降格・降職について定めている	Y	N
⑤	他の懲戒処分と併せて始末書を提出させる場合に備えて、その旨を就業規則に定めている	Y	N

83

代表的な労務コンプライアンス上の課題と対応方針

［1］ 懲戒処分の手続き

　懲戒処分を行うためには、前述のとおり就業規則にその種類と処分の程度を定めておかなければなりません。懲戒処分を行う際には、懲戒の事由に該当するか否か、過去の労働判例および自社における過去の処分例と照らして大きく乖離していないかを、懲罰委員会のような場を設けて慎重に審議し、決定することが重要です。

［2］ 懲罰委員会を設置すること

　懲罰委員会は、前述の表彰と合わせて賞罰委員会と呼ばれることもありますが、呼称は会社ごとにさまざまです。懲戒処分に該当するような事案が発生した際に委員長が委員を招集し、処分の程度を審議します。なお、懲戒処分を行う際には、本委員会において本人に弁明の機会を与えることが重要です。

　過去の労務コンプライアンス調査の結果では、本人に弁明の機会を与えず懲戒解雇をしている例がありました。その場合、労務リスクが高い状態と判断されますので、この点について運用の確認が必要となります。

［3］ 懲戒処分の種類と定義を定めること

　一般的な懲戒処分の種類と定義内容は、次のとおりです。

---

①譴責：始末書を提出させ、将来を戒める。

②減給：1事案について平均賃金1日分の2分の1を減給する。総額でも1給与支払い期間における賃金総額の10分の1を上限とする。

③昇給停止：次期の定期昇給を停止する。

④出勤停止：7日以内の期間を定めて出勤停止とする。その期間の給与は支給しない。

⑤降転職：役付の降格、解任、降級、または配置転換などの異動を行

第4章　労務コンプライアンス上の課題

う。この場合、賃金の降給を伴う場合がある。

⑥諭旨解雇：説諭し退職届を提出させる。ただし、退職に応じない場合には懲戒解雇とする。また、懲戒事由の内容によっては退職金を減額または不支給とする。

⑦懲戒解雇：解雇予告をせず即日解雇する。ただし、所轄労働基準監督署の認定を受けた場合には、解雇予告手当を支給しない。また、退職金は支給しない。

　なお、処分のたびに始末書を提出させるケースがありますが、始末書を提出させる行為自体が懲戒処分に該当するため、始末書の提出と処分を組み合わせる際には、就業規則の定め方に留意が必要です。

［4］　解雇予告除外認定

　懲戒解雇も含め、社員を解雇する場合には、30日前に解雇の予告をしなければなりません。この予告ができない場合には、平均賃金の30日分以上の解雇予告手当を支払う必要があります。ただし、本人の責による場合の解雇（いわゆる懲戒解雇）の場合は、所轄労働基準監督署に解雇予告除外認定の申請をし、承認されれば、解雇の予告や予告手当を支払うことなく即時に解雇することが可能です。

チェックリスト

懲戒処分の種類（解雇）		
①	諭旨解雇について定めている	Y	N
②	懲戒解雇相当事由があるものの本人に反省が認められるときには諭旨解雇として退職届を提出させることを明記している	Y	N
③	上記に従わない場合は懲戒解雇とする旨が明記されている	Y	N
④	懲戒解雇について定めている	Y	N
⑤	懲戒解雇においては、予告期間を設けず即時解雇する旨を定めている	Y	N
⑥	⑤の場合において、所轄労働基準監督署の認定を受けた場合は、解雇予告手当を支給しない旨を定めている	Y	N

| ⑦ | 退職金について、全部または一部を支給しない旨を定めている | Y | N |

[5] 懲戒の事由例

　懲戒については、次の例のように処分の種類ごとに事由を定めるのが一般的です。種類の区分をせずに事由だけを定め、これらの事由に該当した場合に事案ごとに処分の軽重を決定する方法もありますが、恣意的な判断となりやすいため、運用する際には注意が必要です。

（譴責・減給または昇給停止）

第○条　次の各号のいずれかに該当する場合には、譴責、減給または昇給停止処分とする。

(1)　正当な理由なく、しばしば遅刻、早退したとき。

(2)　無断欠勤をしたとき。

〈中略〉

(15)　懲戒に該当する行為を行った部下に対して監督責任があるとき。

（出勤停止または降転職）

第○条　次の各号のいずれかに該当する場合には、出勤停止または降転職処分とする。

(1)　故意に業務上の命令等に従わなかったとき。

(2)　無断欠勤を月に7労働日以上したとき。

〈中略〉

(15)　前条各号に準ずる行為で情状悪質なとき。

（諭旨解雇または懲戒解雇）

第○条　次の各号のいずれかに該当する場合には、懲戒解雇の処分とする。ただし、日常の服務態度その他の情状および社内外の評価等を総合的に判断し、諭旨解雇または降転職にとどめることがある。

(1)　無断欠勤が14労働日以上に及んだとき。

(2)　出勤常ならず改善の見込みがないと認められるとき。

〈中略〉

(15)　前条各号に準ずる行為で情状悪質なとき。

第4章　労務コンプライアンス上の課題

10 | 退職

　退職については、定年に関する事項、自己都合による退職に関する事項、有期契約労働者の契約期間満了時の取り扱いに関する事項、退職証明書の取り扱いに関する事項のルールおよび運用の確認が必要です。

チェックリスト

①	定年は 60 歳以上としている	Y	N
②	定年を 65 歳未満としている場合、65 歳までの安定した雇用確保の措置を講じている	Y	N
③	退職願は退職日の 14 日前までに提出するよう定めている	Y	N
④	退職願を退職日の 15 日以上前までに提出するように定めている場合、その期限を過ぎたものであっても退職日の 14 日以上前に提出されたものであれば受理している	Y	N
⑤	退職願と退職届を使い分けている	Y	N
⑥	退職願が提出された場合は、受理した旨を通知している	Y	N
⑦	退職時には業務の引き継ぎを行う旨のルールが明確になっている	Y	N
⑧	退職時の金品の返済や貸与品の返却に関するルールが明確になっている	Y	N
⑨	有期契約労働者の契約（3 回以上契約更新をしている場合または 1 年を超えて雇用している場合）を終了させるときは、契約期間満了日の 30 日以上前に本人にその旨を通知している	Y	N
⑩	社員から請求があった場合は、退職証明書を交付している	Y	N
⑪	退職証明書には、社員が請求した事項のみを記載し、社員が請求しない事項は記載していない	Y	N
⑫	既に退職している者から退職証明書の交付の請求があった場合でも、退職後 2 年間は対応している	Y	N

代表的な労務コンプライアンス上の課題と対応方針

［1］定年

　社員の定年を定める場合は、60 歳を下回ることができません（高年法8 条）。多くの会社の定年は 60 歳となっていますが、60 歳以上であれば、61 歳でも 70 歳でも法的に問題ありません。

87

ただし、定年の退職日については注意が必要です。60歳を迎えるのは60歳の誕生日の前日になりますので、定年の退職日が60歳の誕生日の前日より前になっていないかを確認します。

[2] 有期労働契約

パートタイム労働者等の有期労働契約を締結している者の契約を更新せず、契約期間満了で退職とする場合には、少なくとも契約期間満了日の30日前までに、その予告をする必要があります（有期労働契約の締結、更新、雇止め等に関する基準〔平15.10.22　厚労告357、最終改正：令5.3.30　厚労告114〕）。

なお、本予告の対象となるのは、次のいずれかに該当する者で、あらかじめ契約更新しない旨を明示していない場合となります。

・有期労働契約を3回以上更新している者
・有期労働契約が通算して1年を超えている者
・1年を超える有期労働契約を締結している者

契約期間満了で退職となる旨の予告は、あいまいに対応すると後々トラブルの原因になりますので、口頭ではなく書面で行うようにしましょう。

[3] 退職証明書

社員が退職するまたは退職したときに、使用期間、業務の種類、その事業における地位、賃金または退職の事由（退職の事由が解雇の場合には、その理由を含みます）について証明書を請求したとき、会社は遅滞なくこれを交付しなければなりません（労基法22条）。

退職証明書には、本人が請求しない事項を記入してはならないとされていますので注意が必要です。

第4章　労務コンプライアンス上の課題

11 | 定年延長・再雇用

　定年を60歳としている場合には、65歳までの安定した雇用を確保するための措置を講じなければなりません。また、定年を65歳以上70歳未満としている場合および65歳までの継続雇用制度（70歳以上まで引き続き雇用する制度を除きます）を導入している場合においては、70歳までの就業機会を確保するための措置を講ずるように努める必要があります。

　その対応にはいくつかの選択肢がありますが、手続き等に関して制約があるものもあるため、法律の趣旨を理解した上での対応が必要です。

チェックリスト

①	65歳までの安定した雇用確保措置を講じている	Y	N
②	65歳までの安定した雇用確保措置の対応について、就業規則等に定めている	Y	N
③	再雇用制度を導入している場合、再雇用時の労働条件を定めている	Y	N
④	再雇用制度を導入している場合、希望者全員を対象としている	Y	N
⑤	再雇用制度を導入し、対象者に基準を設けている場合、各事業場において労使協定を締結・周知している	Y	N
⑥	再雇用制度を導入し、対象者に基準を設けている場合、その基準に客観性や具体性がある	Y	N

［注］　⑤⑥の対象者の基準を設ける経過措置は2025年3月31日で終了する。

代表的な労務コンプライアンス上の課題と対応方針

[1] 65歳までの安定した雇用確保措置の導入

　定年を65歳未満としている会社は、次のいずれかの措置を講ずる義務があります。

> ①65歳までの定年の引き上げ
> ②65歳までの継続雇用制度の導入
> ③定年制の廃止

89

[2] 65 歳までの定年の引き上げ

定年年齢を引き上げる場合、当該定年年齢に達するまでは、引き続き期間の定めのない労働契約となりますので、例えば、一定年齢到達時に労働条件を変更するような場合には、就業規則等に労働条件の変更について規定するか、本人の個別同意が必要です。

なお、定年年齢の引き上げに当たっては、人件費の増加や退職金の取り扱いにも注意しましょう。

[3] 65 歳までの継続雇用制度の導入

65 歳までの雇用確保措置のうち、多くの会社では、継続雇用制度が選択され、その中でも、新たな労働条件で契約を締結する再雇用制度が導入されています。

再雇用制度を導入する場合は、希望者全員を対象とする必要があります。ただし、希望者全員を再雇用することの例外が認められており、心身の故障のため業務に堪えられないと認められること、勤務状況が著しく不良で引き続き社員としての職責を果たし得ないこと等、就業規則に定める解雇事由または懲戒事由（年齢に係るものを除きます）に該当する場合には、継続雇用しないことができるとされています（高年齢者雇用確保措置の実施及び運用に関する指針〔平 24.11.9　厚労告 560〕）。この場合、客観的に合理的な理由があり、社会通念上相当であることが求められます。なお、継続雇用制度の対象者を限定する基準を労使協定で設ける経過措置は 2025 年 3 月 31 日で終了するため注意が必要です。

[4] 70 歳までの就業確保措置の導入

65 歳までの雇用確保措置義務に加え、定年を 65 歳以上 70 歳未満としている会社および 65 歳までの継続雇用制度（70 歳以上まで引き続き雇用する制度を除きます）を導入している会社においては、70 歳までの就業機会を確保するため、次のいずれかの措置を講ずるように努める必要があ

第4章　労務コンプライアンス上の課題

ります。

> ① 70 歳までの定年の引き上げ
> ② 70 歳までの継続雇用制度の導入
> ③ 定年制の廃止
> ④ 70 歳まで継続的に業務委託契約を締結する制度の導入
> ⑤ 70 歳まで継続的に以下の事業に従事できる制度の導入
>> a．事業主が自ら実施する社会貢献事業
>> b．事業主が委託、出資（資金提供）等する団体が行う社会貢献事業

　なお、④および⑤については、雇用によらない措置（創業支援等措置）であり、実施に当たり社員の過半数で組織する労働組合（過半数労働組合がない場合には、社員の過半数代表者）の同意が必要です。

［5］定年制の廃止

　定年制を廃止すると、一定年齢の到達を理由に退職することがないため、会社から労働契約を終了しようとする場合には解雇扱いとなることから、慎重な対応が求められます。

91

12 | 無期転換

有期労働契約が通算 5 年を超えて更新された場合、会社に対して無期労働契約への転換（無期転換）を申し込む権利（無期転換申込権）が有期契約労働者に生じます。会社は、有期契約労働者から無期転換の申し込みがあった場合、会社はその申し込みを承諾したものとみなされ、申し込み時の有期労働契約が満了する日の翌日から無期転換をする必要があります。

チェックリスト

①	無期転換申込権が発生する契約更新ごとに、無期転換申し込み機会について書面で明示している	Y	N
②	無期転換申込権が発生する契約更新ごとに、無期転換後の労働条件を書面で明示している	Y	N
③	無期転換の申し込み方法を定めている	Y	N
④	無期転換の申し込みを拒否していない	Y	N
⑤	無期転換後に適用する就業規則を定めている	Y	N
⑥	無期転換後の労働条件が無期転換前と異なる場合、その労働条件について就業規則に定めている	Y	N
⑦	無期転換後の労働条件が、無期転換の申し込みの阻害を目的とした内容になっていない	Y	N
⑧	有期労働契約を更新する条件として、「無期転換申込権の放棄」など、無期転換の申し込みを阻害する事項を設けていない	Y	N
⑨	無期転換の申し込みがあったことを理由に雇止めをしていない	Y	N
⑩	クーリング期間を適正にカウントしている	Y	N

代表的な労務コンプライアンス上の課題と対応方針

[1] 無期転換申込権の発生と通算契約期間

無期転換申込権は、有期労働契約の通算契約期間が 5 年を超えた場合に発生します。会社は、無期転換申込権が発生する契約更新のタイミングごとに、無期転換の申し込みができる旨（無期転換申し込み機会）について書面で明示する必要があります。

第4章　労務コンプライアンス上の課題

　有期労働契約の通算契約期間は社員ごとに計算され、契約期間中に就業場所が変わった場合でも、同じ会社の事業所間の異動であれば契約期間は通算されます。また、育児休業等により実際に勤務しなかった期間についても、労働契約が継続する限り通算契約期間に含まれます。

　なお、通算契約期間は、有期労働契約が1年ごとに更新される場合、5回目の更新後の1年間に無期転換申込権が発生し、有期労働契約が3年ごとに更新される場合は、1回目の更新後の3年間に無期転換申込権が発生します［図表4-1］。

　一方で、過去に有期労働契約を締結し、契約期間満了で退職した社員が再入社した場合など、有期労働契約を締結していない期間（無契約期間）が一定期間以上続いた場合、無契約期間以前の契約期間は通算対象から除外されます。これをクーリングといいます［図表4-2］。

　無期転換の運用を適切に行うため、会社は、社員ごとに正しい通算契約期間を把握しておく必要があります。

図表 4-1　無期転換ルール

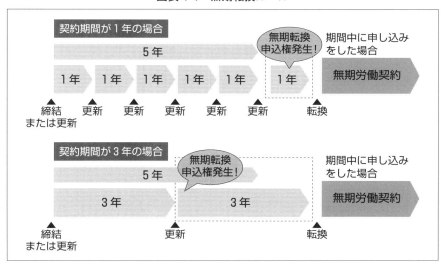

図表 4-2　クーリング

無契約期間の前の通算契約期間	無契約期間
2 カ月以下	1 カ月以上
2 カ月超 ～ 4 カ月以下	2 カ月以上
4 カ月超 ～ 6 カ月以下	3 カ月以上
6 カ月超 ～ 8 カ月以下	4 カ月以上
8 カ月超 ～10 カ月以下	5 カ月以上
10 カ月超 ～	6 カ月以上

[2] 無期転換後の労働条件

　無期転換後の労働条件は、就業規則等で別段の定めがある部分を除き、無期転換の直前に締結していた有期労働契約と同一の労働条件とすることが必要です。また、有期労働契約の労働条件と無期転換後の労働条件との変更の有無のほか、変更がある場合はその内容を書面で明示しなければなりません。職務内容が変更されないにもかかわらず、無期転換後の労働条件を低下させることは、無期転換を円滑に進める観点から望ましくありません。

　なお、2024 年 4 月から無期転換申込権が発生する更新のタイミングごとに、無期転換後の労働条件の明示が必要となりました（労基則 5 条 1 項 1 号の 2）。

[3] 無期転換の特例

　高度な専門的知識等を有する有期契約労働者（高度専門職）や、定年後引き続いて雇用される有期契約労働者（継続雇用の高齢者）については、能力の有効な発揮を目指す観点から、次の期間について無期転換申込権が発生しない特例があります。

第4章　労務コンプライアンス上の課題

①高度な専門的知識等を有する有期契約労働者（高度専門職）
　一定の期間内に完了することが予定されている業務に就く期間（上限：10年）
②定年後引き続いて雇用される有期契約労働者（継続雇用の高齢者）
　定年後引き続き雇用されている期間

　無期転換の特例を受けるためには、有期契約労働者の雇用管理に関する措置についての計画（上記①：第一種計画、上記②：第二種計画）を作成し、都道府県労働局長の認定を受ける必要があります。

［4］雇止め

　無期転換は、無期転換申込権を持つ有期契約労働者が、会社に無期転換の申し込みをした時点で成立するため、無期転換の申し込みを受けた後に、申し込み時の有期労働契約の満了をもって有期労働契約関係を終了しよう（雇止めしよう）としても、既に成立している無期労働契約を解除することにはなりません。また、既に成立している無期労働契約の解除は解雇の扱いとなり、解雇事由が客観的に合理的であると認められない場合、権利濫用に該当するものとして無効となります。

　したがって、無期転換の申し込みをした有期契約労働者に対し、無期転換の回避を目的に雇止めや解雇をすることはできません。

95

13 | 解雇

解雇については、解雇の事由に関する事項、有期契約労働者の取り扱いに関する事項、解雇予告手当に関する事項、解雇制限に関する事項のルールおよび運用の確認が必要です。

解雇は、個別労働紛争のあっせんや訴訟等に発展する可能性が高い事項です。トラブルを未然に防止するためにも、法律に従った対応が求められます。

チェックリスト

①	就業規則に、以下に掲げる解雇事由を規定している	Y	N
	・心身の故障のため業務に堪えられないと認められるとき	Y	N
	・職務遂行能力または能力が著しく劣り、また向上の見込みがないと認められるとき	Y	N
	・事業の縮小等、経営上やむを得ない事由のあるとき	Y	N
	・懲戒解雇事由に該当し、解雇を相当とするとき	Y	N
	・試用期間中の者で、社員として不適格と認められるとき	Y	N
	・その他上記各項目に準ずるやむを得ない事由が生じたとき	Y	N
②	やむを得ない事由がない場合には、有期労働契約の者を契約期間中に解雇していない	Y	N
③	解雇をする場合は、解雇日の 30 日以上前に予告をしている	Y	N
④	解雇をする場合、解雇日の 30 日前までに予告ができない場合は、解雇予告手当を支払っている	Y	N
⑤	業務上の負傷・疾病の療養のために休業する期間およびその後 30 日間は解雇していない	Y	N
⑥	産前産後の女性社員が休業する期間およびその後 30 日間は解雇していない	Y	N

代表的な労務コンプライアンス上の課題と対応方針

[1] 解雇

解雇は、「客観的に合理的な理由を欠き、社会通念上相当であると認められない場合は、その権利を濫用したものとして、無効とする」（労契法

16条）とされています。この「解雇権濫用法理」は過去の判例により確立されたもので、2003年に労基法に新設した後、2008年に労契法に移設されたもので、解雇の実施において厳しい制限を課すものとなっています。

解雇は容易にはできず、解雇を行うためにはその根拠を就業規則に記載しておく必要があることから、就業規則の整備状況を確認します。

なお、有期労働契約を締結している者を、契約期間の途中で解雇する場合には、やむを得ない事由がある場合でなければならず（労契法17条）、無期労働契約の者を解雇する場合よりも難しいとされていますので、運用において特に注意が必要です。

[2] 解雇を実施する場合のルール

（1）解雇制限

客観的に合理的な理由があり、社会通念上相当であるときであっても、解雇を行うことができない場合があります。これを「解雇制限」といいます。

解雇制限の期間には、業務上の傷病により療養のため休業する期間とその後30日間、産前産後の休業期間とその後30日間があります（労基法19条。なお、所轄労働基準監督署の認定を受けた場合等に例外があります）。

解雇制限に該当する者を解雇することがないよう、運用面を確認することが必要です。

（2）解雇の予告

解雇しようとするときは、30日前に予告を行うか、30日分以上の平均賃金を支払う必要があります（一部例外があります。労基法20条）。なお、予告の日数は平均賃金を支払った分だけ短縮できます。

解雇予告を行うことなく即時解雇をしている例が見られますが、懲戒解雇に該当するような事由であっても、所轄労働基準監督署の認定を受けていない場合には解雇予告が必要となりますので、取り扱いを確認しておきましょう。

97

第2 服務規律

1 | 服務規律

　服務規律については、服務全般に関する事項、競業避止に関する事項、機密保持に関する事項、損害賠償に関する事項、インターネット・SNSに関する事項のルールおよび運用の確認が必要です。

　服務規律については、懲戒処分との関係からルールを明確化することにより、労務リスクを低減することができます。

チェックリスト

①	就業規則に、以下に掲げる服務に関する規定がある	Y	N
	・業務に専念すること	Y	N
	・職場の風紀・秩序を乱さないこと	Y	N
	・無断欠勤および遅刻、早退をしないこと	Y	N
	・常に健康に気をつけること	Y	N
	・明朗活発な態度で勤務すること	Y	N
	・理由を明示の上で所持品検査を行う場合があること	Y	N
	・業務の変更や他部署への応援を拒まないこと	Y	N
	・消耗品を節約し、丁寧に取り扱うこと	Y	N
	・会社の施設や事務機器、事務用品、商品等は無断で使用しないこと	Y	N
	・会社内で政治活動や宗教活動等、業務に関係ないことはしないこと	Y	N
	・会社内で、放歌、喧騒、暴行、脅迫および賭博等の行為をしないこと	Y	N
	・会社の体面を傷つけ、会社の名誉を汚し、信用を失墜させるようなことはしないこと	Y	N
	・業務の範囲に属する内容で著作・講演を行う場合には、あらかじめ会社の許可を得ること	Y	N
	・取引先に金品ならびに飲食等のもてなしを強要したり、みだりに受けたりしないこと	Y	N
	・取引先等と私事で貸借関係を結ばないこと	Y	N
	・届け出なく法令に根拠を有する公職に立候補もしくは就任しないこと	Y	N
	・その他、会社の命令、通達、注意、通知事項を遵守すること	Y	N

第4章　労務コンプライアンス上の課題

			Y	N
②	就業規則等に、以下に掲げる入退場制限に関する規定がある		Y	N
	・職場の秩序・風紀を乱し、またはそのおそれがあるとき		Y	N
	・安全衛生上危険・有害と認められるとき		Y	N
	・業務を妨害し、またはそのおそれがあるとき		Y	N
	・会社の許可なく業務外の事由により入場しようとするとき、または終業後退場しないとき		Y	N
	・正当な理由なく出勤停止中の者が出勤しようとするとき		Y	N
	・感染症患者に近接し、保菌の疑いがあると認められたとき		Y	N
	・酒気を帯びて就業しようとするとき		Y	N
	・業務上必要でないものまたは危険と思われるものを所持しているとき		Y	N
	・その他、入場を禁止し、または退場させることを相当とする事由があるとき		Y	N
③	競業避止に関する規定を設けている		Y	N
	競業避止の地域・期間・対象者について定めている		Y	N
④	機密保持についての規定を設けている		Y	N
	機密保持の規定については、在籍中のみならず、退職後も適用となっている		Y	N
	機密保持誓約書を締結している		Y	N
⑤	損害賠償について規定している		Y	N
	損害賠償をする場合の具体的な額をあらかじめ定めていない		Y	N
	損害賠償額を給与から天引きしたり、相殺したりしていない		Y	N
⑥	インターネットやSNSの私的利用について規定している		Y	N
	業務中の私用によるメールやインターネットの閲覧を禁止している		Y	N
	情報セキュリティーポリシーを策定している		Y	N
⑦	受動喫煙防止のための規定を設けている		Y	N

代表的な労務コンプライアンス上の課題と対応方針

[1] 服務規律

　服務規律は、必ず定めなければならない事項ではありませんが、企業秩序を維持するために、社員が働く上で守るべき基本的な考え方を示すために、また、服務規律違反があった場合に懲戒処分を行う上での根拠とするために、就業規則等で明確に規定しておくことが重要です。

　なお、服務規律を定める場合には、性別や年齢、労働組合員等に対する

99

差別的な取り決めがないかの確認が必要です。

[2] 入退場制限

　就労を認めた場合に企業秩序を乱すおそれがある者に対して会社への入退場を制限する旨を就業規則等に規定しておくことが必要となります。

　安衛法等の法律に基づく制限でない場合には、休業手当の支払いの必要性を検討しておかなければなりません。

[3] 競業避止の取り扱い

　採用時または退職時に、企業秘密や情報、顧客の保持のために、同業他社への転職を制限する競業避止の契約を締結する場合があります。

　競業避止義務を課すためには、会社に関する重要な情報を知り得る立場にある者に対し、転職する対象地域や期間などを制限したり、高額な賃金など転職を制限する代償措置等の特約がなければ成立しないとされています。現実的に競業避止を課すことは難しいケースが多いですが、就業規則等にこれらの考え方を示しておくことは有効といえます。

[4] 損害賠償

　民法（415 条＝債務不履行による損害賠償、709 条＝不法行為による損害賠償）の定めに従って、社員に損害賠償を請求することは可能ですが、次の点から運用に不備がないかを確認します。

（1）損害賠償額

　社員は会社の指揮命令を受けて業務を遂行しているため、たとえ社員本人の過失に起因して損害が生じた場合であっても、すべての責任を社員に負わせることは難しいといえます。したがって、損害賠償額が、社員の過失と照らして適切であるか否かの確認が必要です。

（2）賃金との相殺

　第 3 の「1　賃金の支払い」の項〈➡ 110 ページ〉で説明しているとお

第 4 章　労務コンプライアンス上の課題

り、賃金はその全額を支払わなければなりません。

　社会保険料等の法律で認められた項目以外に賃金から控除すべきものがある場合には、労使協定を締結することにより可能となりますが、損害賠償額については、たとえ労使協定を締結したとしても控除できないとされています。ただし、会社が社員の同意を得て相殺する場合は、その同意が社員の自由な意思に基づくものと認めるに足りる合理的な理由が客観的に存在するときは、労基法の賃金の支払いの原則に違反しないとされています（日新製鋼事件　最高裁二小　平 2.11.26 判決）。

　したがって、損害賠償額を賃金から控除する場合には、会社が一方的に控除することなく、社員の真に自由な意思を持った同意を得て行うよう、運用を徹底する必要があります。

［5］インターネット・SNS

　SNS などの投稿内容により、ほかの利用者から集中的な批判を受けたり、SNS 上で多数の攻撃的な反応を受けたりする事案が起きることがあります。勤務時間外の社員の私生活に関する言動や私的な SNS の利用は自由ですが、不適切な投稿内容により会社名が第三者に認識され、会社の信用を損なう可能性があるため、業務利用および私的利用ともに、情報セキュリティーポリシーやインターネット・SNS などに関するルールを定め、運用することがトラブル防止につながります。

［6］受動喫煙について

　健康増進法においては望まない受動喫煙の防止を図ることが、安衛法においては労働者の受動喫煙を防止するため実情に応じた措置を講ずることが、それぞれ努力義務として課せられています。会社の敷地内全体を禁煙区域とする場合には、敷地内での喫煙を禁止する旨を就業規則等に規定しておく必要があります。

101

2 | 副業・兼業

　社員は、会社との労働契約に基づき労務提供の義務を有しています。したがって、その義務を履行できない状況になることに対しては、会社は制限を設けることができます。ただし、副業・兼業を制限する場合には、就業規則等で、明確に根拠を規定しておく必要があります。

　また、副業・兼業を認める場合には、「副業・兼業の促進に関するガイドライン」（平成30年1月厚生労働省策定、令和4年7月改定）に従い、副業・兼業をする労働者の労働時間管理や健康管理が求められます。

チェックリスト

就業規則			
①	就業規則等に、副業・兼業に関するルールを規定している	Y	N
②	副業・兼業を認める場合、就業規則等に会社への手続きを規定している（許可制または届出制）	Y	N
③	就業規則等に、副業・兼業を制限または禁止する場合の事由を規定している（業務内容、労働時間、健康状況等）	Y	N
情報漏えい、利益相反等			
①	副業・兼業先の事業内容や副業・兼業先で社員が従事する業務内容を把握し、情報漏えいや利益相反等のリスクがないかを確認している	Y	N
②	同業他社や関係取引先での副業・兼業を認めないこととしている	Y	N
③	副業・兼業が、自社の名誉や信頼を損なう事業に該当しないことを確認している（反社会的勢力、風俗営業等）	Y	N
④	情報漏えいや利益相反を防止する内容を含む誓約書を社員と取り交わしている	Y	N
労働時間管理（労働契約型の場合）			
①	副業・兼業先の労働時間を把握し、自社の労働時間と通算して必要な割増賃金を支払っている	Y	N
②	副業・兼業先および自社の労働時間を通算して、以下に掲げる時間外労働・休日労働の上限を超えないことを確認している	Y	N
	・時間外労働と法定休日労働の合計が、単月100時間未満	Y	N
	・時間外労働と法定休日労働の合計が、複数月を平均して80時間以内	Y	N

代表的な労務コンプライアンス上の課題と対応方針

[1] 副業・兼業とは

　副業に明確な定義はなく、一般的に、自社で勤務する社員が会社に在籍のまま、ほかの会社の社員や役員等になったり、個人事業主として自ら事業を行ったりするなど、本業とは別の収入を得ることをいいます。副業と似た言葉に兼業という言葉がありますが、副業と同義であり、厳密な意味の違いはありません。

　副業、とりわけ正社員の副業は会社により禁止されていることが一般的でした。しかしながら、少子高齢化に伴う生産年齢（15 〜 64 歳）人口の減少、育児や介護と仕事の両立など、働く人のニーズの多様化等の課題に対応するべく、いわゆる働き方改革の推進が政府により行われ、その一環として副業・兼業を促進する動きが加速してきました。

　社員が勤務時間外にどのように時間を使うかは基本的に社員本人の自由であるため、一律に副業・兼業を禁止することはできず、会社は副業・兼業を認めるべきと考えられています。一方で、過去の裁判において、一定の事由を根拠とした副業・兼業の制限や禁止は認められています。そのため、副業・兼業の検討に際しては、会社はこれらを認めることを前提とした上で、副業・兼業が社員の健康を害する可能性の有無や、自社の業務や事業への支障の有無とその度合いなど、副業・兼業の内容を確認した上でこれらを制限または禁止できる制度の構築が必要とされています。

　なお、副業・兼業における働き方は、大きく労働契約型、業務委託型、経営型に分類されます。

　労働契約型は文字どおり、副業・兼業先においても労働契約を締結し、それに基づき労務の提供を行うものです。自社および副業・兼業先それぞれにおいて労働者である以上、当然にそれぞれの企業において労働関係諸法令の適用を受けることになります。

　業務委託型は、副業・兼業先において業務委託契約や請負契約などを締結し、それに基づき役務提供を行うものです。

経営型は、自ら起業して個人事業主として事業を行う、あるいは会社役員に就任するなどの形態です。これらの働き方においては、副業・兼業先で労働関係諸法令の適用を受けることはありません。

[2] 就業規則等への規定

　社員の副業・兼業を認める場合、実際に運用するためのルールを就業規則等に定めておく必要があります。まず、副業・兼業を開始する手続きとして、届出制か許可制かの別を定めます。副業・兼業の制限を少なくし、幅広く認める場合は届出制、契約形態や事業内容などに応じた基準を設ける場合は許可制とすることが考えられます。

　なお、会社が副業・兼業を制限する場合には、その理由が合理的であることが求められます。

[3] 情報漏えい・利益相反・競業避止への対応

　副業・兼業促進の流れがさらに活発になり、副業・兼業を行う社員が増加した場合、自社の顧客情報や商品・サービスに関する機密情報の漏えいや、自社の業務との利益相反の問題が発生する可能性があります。

　副業・兼業を行う社員に限らず、情報漏えい、利益相反、競業避止等のリスクを防止するためのルールが就業規則等に明示されていると思われますが、あらためて副業・兼業に関する留意事項を周知徹底するとともに、高いリスクが想定される場合は副業・兼業を許可しない、または許可の取り消しができるような運用が求められます。

　具体的には、副業・兼業先の事業内容や、副業・兼業先で社員が従事する業務内容について把握するとともに、情報漏えい等を防止する内容を含む誓約書を取り交わします。どのような行為が情報漏えいや利益相反に該当するのか、社員に正しく理解してもらうことも重要です。

第 4 章　労務コンプライアンス上の課題

[4] 労働時間の把握

　複数の会社に雇用される者の労働時間については、事業場を異にする場合においても、労働時間に関する規定の適用は通算するとされています（労基法 38 条 1 項）。この「事業場を異にする場合」には、「事業主を異にする場合」も含まれる（昭 23.5.14　基発 769）と解されるため、複数の会社に雇用される労働契約型の副業・兼業を行う場合も、労働時間の通算の対象となり得ます。ただし、これらの定めは労基法 32 条の労働時間の規制が適用される者が対象となるため、個人事業主やほかの会社の役員等として副業・兼業を行う場合や、副業・兼業先で労基法上の管理監督者になっている場合は、労働時間規制は適用されません。

　自社の労働時間の把握は、「労働時間の適正な把握のために使用者が講ずべき措置に関するガイドライン」（平成 29 年 1 月 20 日厚生労働省策定）で定める方法に従う必要がありますが、他社での労働時間の把握はその困難さから、社員本人からの申告によって把握した労働時間をもって通算する方法が認められています。また、「副業・兼業の促進に関するガイドライン」（平成 30 年 1 月厚生労働省策定、令和 4 年 7 月改定）では、副業・兼業における労働時間管理を簡便にするための「管理モデル」を用いることも紹介されています。

　時間外・休日労働に関する協定（36 協定）については、自社および副業・兼業先それぞれの事業場で適用されますが、時間外労働と法定休日労働の合計に関する基準（単月 100 時間未満と、時間外労働と法定休日労働の合計が複数月を平均して 80 時間以内）については、個人の労働時間の上限を定めたものであることから、自社と副業・兼業先とを通算した労働時間でこれらを遵守することが求められます。

105

3 | ハラスメント防止対策

　ハラスメント防止対策は、企業が負う職場環境配慮義務に基づき、社員が物理的・精神的に良好な状態で就業できるような職場環境をつくることのほか、もしもハラスメントが発生した場合は直ちに対処するとともに、再発防止措置を講じることが求められます。

チェックリスト

①	ハラスメント防止に関する会社方針を作成し、周知している	Y	N
②	ハラスメント防止に関する規程を設け、周知している	Y	N
③	すべての社員に対してハラスメント防止に関する研修等を実施している	Y	N
④	ハラスメントに関する相談窓口を設けている	Y	N
⑤	ハラスメント行為に関する懲戒処分が規定されている	Y	N
⑥	ハラスメントが発生した場合の対処方法が明確になっている	Y	N
⑦	相談者・行為者のプライバシー保護のために必要な措置を講じている	Y	N
⑧	相談窓口の利用等を理由に不利益な取り扱いをしない旨を定め、周知している	Y	N

代表的な労務コンプライアンス上の課題と対応方針

［1］ 職場におけるハラスメントとは

　職場におけるハラスメントは、社員の能力発揮の妨げになるのみならず、人権にもかかわる重要な問題です。職場秩序の乱れによる業務遂行の滞りや貴重な人材の損失、企業の社会的評価の低下につながるおそれがあります。また、裁判等に発展して、ハラスメント防止措置等に不備があるとみなされた場合は、損害賠償責任を負うことになりかねません。職場におけるハラスメント防止の理解を深めるために、就業規則等に明確に定義しておくことが有効といえます。

（1）職場とは

　ハラスメント防止対策における職場とは、社員が業務を行う場所を意味します。ここでの場所は、会社の執務室等社員が通常業務を行う場所以外

第 4 章　労務コンプライアンス上の課題

についても含まれます。例えば、勤務時間外の社員旅行や歓送迎会等の懇親の場、社員寮や通勤中の時間などであっても、実質的に業務の延長と考えられるものは職場に該当すると考えられます。業務との関連性はもとより、懇親の場においては、その参加が強制なのか任意なのか等を考慮して、職場に該当するか否かを判断することになります。

（2）職場におけるパワーハラスメント

　職場におけるパワーハラスメントとは、職場において行われる
①優越的な関係を背景とした言動であって、
②業務上必要かつ相当な範囲を超えたものにより、
③労働者の就業環境が害されるもの
であり、①〜③の要素をすべて満たすものをいうとされています。

　客観的に見て、業務上必要かつ相当な範囲で行われる適正な業務指導や指示については、職場におけるパワーハラスメントには該当しません。パワーハラスメントへの過度な配慮から、必要な業務指導をためらうことがないよう、すべての社員を対象とする研修を実施しましょう。

　なお、社員の性的指向・性自認等に関する屈辱的な言動についても、上記三つの要素を満たす場合には、パワーハラスメントに該当します。また、本人の了承なくそれらを暴露する行為（アウティング）等もパワーハラスメントの一つとされています。LGBTQ に対する理解を深めることも、研修において必要な要素となります。

（3）職場におけるセクシュアルハラスメント

　職場におけるセクシュアルハラスメントとは、職場において行われる、①社員の意に反する性的な言動に対する社員の対応により、その社員が解雇、降格、減給、雇用契約を更新しない、昇進・昇格の対象者としないなど、労働条件について不利益を受けたり（対価型）、②社員の意に反する性的な言動により就業環境が不快なものとなったことで、本来の能力が発揮できなくなったりするなど、業務に支障が生じること（環境型）とされています。

性的な言動を行う者は、事業主、上司、同僚に限らず、取引先等のほかの事業主またはその雇用する社員、顧客、患者やその家族、学校における生徒等も含まれます。また、男女とも行為者にも被害者にもなり得ますし、異性に対するものだけではなく、同性に対するものも該当します。さらに、被害を受ける者の性的指向や性自認にかかわらず、性的な言動であれば、セクシュアルハラスメントに該当することにも注意が必要です。

（4）職場における妊娠・出産・育児休業等に関するハラスメント

職場における妊娠・出産・育児休業等に関するハラスメントとは、職場において行われる上司・同僚からの言動（妊娠・出産したこと、育児休業等の利用に関する言動）により、妊娠・出産した女性労働者や育児休業等を申出・取得した男女労働者の就業環境が害されることとされ、妊娠した・出産したという状態や育児休業制度等を利用することと、嫌がらせとなる行為の間に因果関係があるものがハラスメントに該当します。

なお、業務分担や安全配慮等の観点から、客観的に見て業務上の必要性に基づく言動によるものは、ハラスメントには該当しません。

[2] ハラスメント防止への対応

会社は、ハラスメント防止のため、雇用管理上、次のような措置を講じなければならないとされています。当該措置は、ハラスメントの種類により求められる施策は異なりますが、大きな枠組みとしてはこれらの対応が求められます。

（1）事業主の方針の明確化および周知・啓発

就業規則等により、ハラスメントがあってはならない旨の方針を明確にし、すべての社員へ周知・啓発をする必要があります。ハラスメント防止に関する研修を実施する対応も考えられます。

（2）行為者に対する対処方針の明確化および周知・啓発

ハラスメント防止に関する規律を就業規則等で定めたり、ハラスメントに該当する言動を行った者に対する懲戒規定を設けたりするなど、行為者

第4章　労務コンプライアンス上の課題

に対する対処方針を明確にするとともに、すべての社員へ周知・啓発をする必要があります。

（3）相談窓口の設置

相談窓口を設置してすべての社員に周知し、ハラスメントが生じた場合に適切に対応する体制を構築しなければなりません。この相談窓口は、形式的に設置するのみならず、実際に対応可能な状態とすることが必要です。なお、社員の相談のしやすさを考慮し、外部機関に相談窓口を設置することも考えられます。

（4）相談への適切な対応

相談窓口担当者が、相談の内容やその状況に応じて、適切に対応できるようにしなければなりません。被害を受けた社員が相談を躊躇することがないよう、相談者の心身状況に寄り添った対応が求められるほか、予防の観点から広く相談に対応することも必要になります。

（5）ハラスメントに関する事後の迅速かつ適切な対応

ハラスメントが生じた場合に事実関係の確認を迅速かつ適切に実施した上で、再発防止の措置を講ずる必要があります。

（6）相談者・行為者等のプライバシーを保護するために必要な措置

相談者・行為者等の情報はプライバシーに属する情報を含むため、プライバシー保護のために必要な措置を講じるとともに、その旨をすべての社員に周知しておきます。

109

第3 賃金管理

1 賃金の支払い

賃金の支払いについては、労基法24条で次のとおり定められています。

- ・賃金は、通貨で、直接労働者に、その全額を支払わなければならない。
- ・賃金は、毎月1回以上、一定の期日を定めて支払わなければならない。

賃金は社員の生活に影響を及ぼすものですので、労基法を正しく理解して適切に運用する必要があります。

チェックリスト

①	給与規程等の人事規程に、賃金を社員に直接、通貨で支払うことを規定している	Y	N
②	給与規程等の人事規程に、給与の計算期間や支払い日を明記している。また、支払い日が土日・祝日となった場合の取り扱いを規定している	Y	N
③	本人の要請があっても家族等に給与を渡していない	Y	N
④	金融機関等への給与振り込みを強制していない	Y	N
⑤	給与を振り込む際、振り込み手数料を控除していない	Y	N
⑥	労働協約を締結せずに給与の一部を現物支給（例：通勤定期券）していない	Y	N
⑦	社会保険料や税金以外の項目を給与から天引きする場合は、各事業場において労使協定を締結し周知している	Y	N
⑧	社員に対する損害賠償請求事案が発生しても、本人の同意なく給与・退職金と賠償額とを相殺していない（労使協定に損害賠償の項目があれば可）	Y	N
⑨	出勤成績によって支給される精勤手当や勤続手当、1カ月を超える期間にわたる事由によって算定される出来高給等を除き、原則、1カ月を超える期間ごとに支給している手当はない	Y	N
⑩	遅刻・早退等による不就労時間を給与から控除する場合、実際の不就労時間以上の給与を控除していない	Y	N
⑪	日々の時間外労働・深夜労働・休日労働時間について、1分単位で集計している	Y	N

110

第４章　労務コンプライアンス上の課題

代表的な労務コンプライアンス上の課題と対応方針

　ここでは、労務コンプライアンス上、特に問題となるケースについて説明します。

[1] 通貨払い

　給料は通常、社員の指定する金融機関に振り込むことが一般的ですが、各事業場において口座振り込みに関する労使協定を締結した上で、本人の同意を得ることが前提です。したがって、本人が現金での受領を希望した場合は、現金で支払う必要があります。

　なお、2023 年 4 月以降は、本人が同意した場合、資金移動業者の口座への賃金支払い（いわゆる賃金のデジタル払い）が可能になりました。賃金のデジタル払いを行う際には、口座振り込みと同様に各事業場において賃金のデジタル払いに関する労使協定を締結した上で、本人の同意を得ることが必要です。賃金の一部をデジタル払いで受け取り、残りを口座振り込みで受け取ることも可能です。ただし、資金移動業者の口座の上限額は 100 万円以下とする点や、口座残高の払い戻し期限が最後の入出金日から少なくとも 10 年間とされている点に注意しましょう。

[2] 全額払い

　特に注意すべき点として、遅刻・早退時における不就労時間の賃金控除の取り扱いがあります。遅刻・早退時に実際の不就労時間を控除することは問題ありませんが、実際の不就労時間以上に賃金を控除すると「全額払いの原則」に違反することとなります。

　会社によっては、給与計算の手続きが煩雑なことから、給与計算期間内の不就労時間の合計を 30 分単位に切り上げて控除しているケースもありますが、1 分単位で控除をするか、社員が有利になるように 30 分単位で切り捨てるべきです。

　そのほかにも、日々の時間外労働等の時間数を 30 分単位に切り捨てる

111

会社もありますが、① 1 分単位で集計する、② 30 分単位で時間外労働等を終了するよう指示する、③ 30 分単位に切り上げて集計する、などの対応が必要です。ただし、1 カ月の時間外労働、深夜労働、休日労働それぞれの合計時間が 30 分未満の場合は切り捨て、30 分以上の場合は 1 時間に切り上げることや、1 時間当たりの賃金額や割増賃金額の 1 円以下の端数を四捨五入することは認められています（昭 63.3.14　基発 150）。

[3]　一定の期日

　給与を社員の指定する金融機関等の口座に振り込む場合、給与支払い日が土日・祝日（金融機関等の休業日）となった月は、それよりも前の日に繰り上げて支払う会社が多いようですが、繰り下げて支払うことも可能です。繰り下げる場合、トラブル防止の観点から就業規則等に定めることをお勧めします。

第4章　労務コンプライアンス上の課題

2 | 割増賃金の計算

　時間外労働手当、深夜労働手当、休日労働手当（以下、時間外手当等）の計算方法については、労基法 37 条において次のとおり定められています。

> ・労働時間を延長し、または法定休日に労働させた場合においては、その時間またはその日の労働については、通常の労働時間または労働日の賃金の計算額の 25％以上 50％以下の率で計算した割増賃金を支払わなければならない（時間外労働手当は 25％以上、休日労働手当は 35％以上の割増率）。ただし、当該延長して労働させた時間が 1 カ月について 60 時間を超えた場合においては、その超えた時間の労働については、通常の労働時間の賃金の計算額の 50％以上の率で計算した割増賃金を支払わなければならない。
> ・午後 10 時から午前 5 時までの間において労働させた場合においては、その時間の労働については、通常の労働時間の賃金の計算額の 25％以上の率で計算した割増賃金を支払わなければならない。

チェックリスト

割増率			
①	法定労働時間を超える労働については 25％以上の支払いとしている	Y	N
②	法定労働時間を超えて労働させた時間のうち、1 カ月に 60 時間を超えた分については 50％以上の支払いとしている	Y	N
③	所定労働時間を超え、法定労働時間の範囲内における労働（法内残業）については、通常の賃金（100％以上）の支払いとしている	Y	N
④	深夜労働（午後 10 時～午前 5 時）の割り増し分については 25％以上の支払いとしている	Y	N
⑤	法定休日労働の割り増し分については 35％以上の支払いとしている	Y	N
通常の労働日の賃金			
①	除外できる賃金（下記②）以外のすべてを通常の労働日の賃金としている	Y	N

113

	通常の労働日の賃金から以下に掲げる手当を控除する場合は、それぞれの要件を満たしている			Y	N
②	・家族手当：扶養家族数またはこれを基礎とする家族手当額を基準として算出している			Y	N
	・通勤手当：労働者の通勤距離または通勤に要する実費費用に応じて算定している			Y	N
	・住宅手当：住宅に要する費用に応じて算定している（例：賃貸住宅は家賃の一定割合、持ち家居住者にはローン月額の一定割合等）			Y	N
	・1カ月を超える期間ごとに支払われる賃金：あらかじめ支給額が確定していない			Y	N
	・別居手当、子女教育手当、臨時に支払われる賃金：名称だけでなく実態に基づいて算定している			Y	N
③	出来高給も割増賃金の算定基礎としている			Y	N

所定労働時間数

①	時給・日給・週給・月給等の給与形態に応じて、所定労働時間数を設定している〈➡次ページ〉			Y	N

代替休暇

①	代替休暇制度について、就業規則等に規定している			Y	N
②	代替休暇制度を導入する場合、各事業場において労使協定を締結・周知している			Y	N
③	代替休暇の付与対象は、時間外労働が月60時間を超過した時間分としている			Y	N
④	代替休暇の取得単位は、1日または半日としている			Y	N
⑤	代替休暇の取得は労働者の意思に委ね、取得の強制はしていない			Y	N

その他

①	タイムカードや出勤簿どおりの労働時間に対して、時間外手当を支払っている（始業時刻前・終業時刻後）			Y	N
	・（上記がNの場合）本人の申告により、時間外手当を支払っている			Y	N

代表的な労務コンプライアンス上の課題と対応方針

［1］ 通常の労働日の賃金

　通常の労働日の賃金とは、所定労働時間に勤務した場合に支払われる賃金をいい、割増賃金は当該賃金を基礎として算定します。

　基本給はもちろんのこと、調整手当や特別手当などの支給名目があいま

いな手当も当該賃金の対象となりますが、限定的に対象外とできる手当（上記「チェックリスト」の「通常の労働日の賃金」②）もあります。ただし、これらの手当は名称ではなく、実質によって取り扱うこととなります。

（1）家族手当

家族手当を扶養する家族の人数に関係なく一律に支給している会社もありますが、人数に応じていなければ通常の労働日の賃金から除外できません。

（2）住宅手当

住宅手当は、「世帯主〇万円、非世帯主〇万円」のように住宅に要する費用と関係なく一律に住宅手当額を決定している場合は、通常の労働日の賃金から除外できません。

（3）臨時に支払われる賃金

臨時に支払われる賃金とは、「臨時的、突発的事由にもとづいて支払われたもの、及び結婚手当等支給条件は予め確定されているが、支給事由の発生が不確定であり、且非常に稀に発生するもの」（昭22.9.13　発基17）であり、例えば、年末年始に出勤した場合に支給される手当は、支給頻度は少ないものの支給事由の発生は明確であることから臨時に支払われる賃金に該当しません。

（4）出来高給

売上高に応じた業績手当等の出来高給も、通常の労働日の賃金となります。ただし、計算方法は、出来高給の総額を賃金計算期間における総労働時間数で除した金額に時間外労働の場合は25％以上（月60時間超の場合は50％以上）、法定休日労働の場合は35％以上の割増率を乗じることとなります（労基則19条1項、平6.3.31　基発181）。

［2］所定労働時間数

所定労働時間数は、給与形態によって［図表4-3］のとおり分かれてい

図表 4-3　給与形態による所定労働時間数

給与形態	内　容	
	原則	期間ごとの所定労働時間数が異なる場合
時間給	その時間	─
日給	1日の所定労働時間数	1週間における1日平均所定労働時間数
週給	週における所定労働時間数	4週間における1週平均所定労働時間数
月給	月における所定労働時間数	1年間における1カ月平均所定労働時間数
出来高給	賃金算定期間における総労働時間数	同左

ます（労基則 19 条 1 項）。

　月給制のケースで、月ごとの労働日数が異なる場合は、1 年間における 1 カ月平均所定労働時間数となります（月ごとの労働日数が同じという会社は少ないかと思いますので、ほとんどの会社が 1 年間における 1 カ月平均所定労働時間数を所定労働時間数としているようです）。

　月給制の会社で、給与計算を簡便化するために、月における所定労働時間数を例えば 170 時間で固定している会社もありますが、年間所定労働日数によっては 1 年間における 1 カ月平均所定労働時間数が 170 時間を下回る年もあり、その結果、労基法で定めた計算方法によって算出された単価よりも低額となってしまいます。

　したがって、月における所定労働時間数を固定する場合は、年間所定労働日数が最小となる年の 1 年間における 1 カ月平均所定労働時間数を超えない時間となるように設定する必要があります。

[3] 時間外労働時間数が 1 カ月 60 時間を超えた場合の取り扱い

　時間外労働の抑制を目的として、2010 年 4 月に改正労基法が施行され、1 カ月に 60 時間を超えた場合、その超えた時間の労働については、通常の労働時間の賃金の計算額の 50％以上の率で計算した割増賃金を支払わなければならない（労基法 37 条 1 項）こととなりました。なお、一定の

第 4 章　労務コンプライアンス上の課題

中小企業に対して猶予期間が設けられていましたが、2023 年 4 月からは、すべての企業が対象となっています。

　まず、60 時間の累積の判断については、1 カ月の起算日を明確にし、その起算日から時間外労働の時間を累計していくことが求められます（平 21.5.29　基発 0529001）。

　ここでいう時間外労働とは、1 日の所定労働時間を超えて勤務させる時間のほかに、所定休日（法定休日以外の休日）に勤務させた結果、1 週間の法定労働時間を超えた時間も時間外労働に該当することとなります。

　これまで法定休日と所定休日を明確に分けずにすべての休日労働を 35％で支払っていた会社においては、正確な計算をするために法定休日と所定休日を区別して労働時間を集計する必要があります。

　また、月 60 時間を超えた場合に 50％以上の割増賃金を支払わずに、労使協定を締結した上で、本人の希望により代替休暇（1 日または半日単位）を与える方法も認められています。

［4］始業時刻前・終業時刻後の労働時間

　賃金は、原則として、その全額を労働者に支払わなければなりません（労基法 24 条）。また、時間外労働等に対しては、所定の割増賃金を支払わなければならないことになっています（同法 37 条）。

　日々の労働時間は実態を重視する考え方から、たとえ 1 分であっても現実に労働が行われた以上、賃金を正確に算出することが要求されます。

　したがって、日々の時間外労働時間等の申告単位を 15 分や 30 分などの任意の単位で切り捨てることは法違反であり、日々の時間外労働時間等については切り捨てをせず、1 分単位で正確に集計しているかどうかを確認する必要があります。

　なお、労働時間についての意識は年々多様化しており、余裕をもった通勤のために所定始業時刻の 30 分前出社や自己研鑽のために所定終業時刻後の任意勉強会や自己学習などを習慣化している社員が見受けられます。

117

この場合、①一定期間ごとの労働時間チェックの際に、その時間は労働していない旨の申告をさせる、②業務を行うことができないように執務室以外の別室を利用させる、などの対応が有効でしょう。

　会社として何も対策を講じず放置することは、大きな労務リスクと考えるべきです。上記のような対応について、明確に社内ルール化し、折に触れて社員への周知を徹底しておくことで、抑止的な効果が期待できます。さらに、不正申告を繰り返す社員に対しては必要に応じて指導を行い、その実例を記録し、ほかの社員へとフィードバックする体制を整備するといったことも対応策の一つといえます。

　過去の労務コンプライアンス調査では、時間外手当等の計算方法が誤っている会社が多く見受けられます。労基法に関する知識がないケースもありますが、中には給与計算の処理が煩雑となるために、労基法とは異なる方法で時間外手当等を計算しているケースもあるようです。

　時間外手当等を誤った方法で計算している場合、未払い賃金が発生していることもあり得ます。未払い賃金について最大5年（当分の間は経過措置により3年）遡及して支払う可能性もあるので、会社業績に影響を及ぼしかねません。

118

第4章　労務コンプライアンス上の課題

3 | 各種手当

　原則として、会社は賃金を自由に決定することができますので、家族手当や通勤手当などの手当の支給の有無・対象者・支給基準等は、会社の考え方や社員の構成等に応じて柔軟に設定できます。

　最近は、リモートワークの導入が進んだことにより在宅勤務手当を支給する会社や、女性の就業が進むなどの社会的背景から、配偶者手当を廃止する会社が増える傾向にあります。

　その一方で、社員の子育て支援のために家族手当を増額したり、リモートワークと併用して出社を促進するために会社から近い場所に住宅を借りている社員に手当を支給したりする会社もあります。また、手当の名称をユニークにして独自性をアピールする会社も増えているようです。

　ただし、労務コンプライアンスの視点では、賃金は社員の生活に大きな影響を与えるものであることから、手当の支給基準等にも公平性が求められるのはもちろんのこと、一定の保障が必要な手当もあります。

　そのほかにも、社員への入社時の説明や給与規程での記載が不足していると、後々思わぬトラブルに発展する可能性もあるので、手当の種類や支給基準等を明確にすることに加え、対象者にも十分に理解してもらうよう注意が必要です。

チェックリスト

①	給与規程等の人事規程に、すべての手当の支給対象・支給額を規定している	Y	N
②	給与規程等の人事規程と実際の支給対象・支給額等の運用に乖離がない	Y	N
③	手当の支給対象・支給額について、女性だけ支給額を下げるなどの差別的取り扱いをしていない	Y	N
④	手当の支給対象・支給額について、国籍を理由として異なる基準を設けていない	Y	N
⑤	手当の日割計算方法が明確になっている	Y	N
⑥	手当を支給する目的や支給水準は、人事制度や社風と合致している	Y	N

119

⑦	出来高給のみを導入している場合、労働時間に応じた一定額の保障をしている	Y	N
⑧	調整手当や特別手当等の支給基準が不明確な手当についても、恣意的に支給額を決定するなどの明らかに不公平な取り扱いをしていない	Y	N

代表的な労務コンプライアンス上の課題と対応方針

[1] 就業規則（給与規程）への記載

就業規則（給与規程）には賃金の決定・計算等に関する事項を記載する必要があり（第6の「1　就業規則」の項〈➡ 187 ページ〉）、賃金の一部である手当についても記載する必要があります。

手当の支給基準等が明確であれば具体的に記載するのはもちろんのこと、調整手当や特別手当等の支給基準があいまいな場合であっても、「○○の社員に対して支給する場合がある」といった表現で記載すべきです。

[2] 差別的取り扱いの禁止

社員が女性であることを理由として、賃金について、男性と差別的取り扱いをすることはできません（労基法4条）。

家族手当の支給基準を「扶養している妻がいる」とし、男性社員にのみ支給しているケースが見受けられますが、この場合は支給基準を「妻」ではなく「配偶者」に改めるべきです。

そのほかにも、社員の国籍、信条または社会的身分を理由として、賃金、労働時間等について、差別的取り扱いをしてはなりません（労基法3条）。また、同一労働同一賃金の考え方では、正社員と非正社員との間の賃金の決定に、不合理な待遇差を設けてはならないとされています（パートタイム・有期雇用労働法8条）。両者間の賃金の決定基準が異なる場合は、職務内容や職務配置の変更等、客観的・具体的な実態に照らしてその差が不合理なものであってはならないとされているため、注意が必要です。

［3］ 出来高給の最低保障

　売上高等の業績によって支給額を決定する出来高給を導入していても、労働時間に応じた一定額の保障をしなければなりません（労基法27条）。

　例えば、売上高に合わせて出来高給を導入している会社で、ある社員の売上高が0円であっても、実際の労働時間に合わせた賃金を支給する必要があります。

　また、保障する賃金額は、「常に通常の実収賃金と余りへだたらない程度の収入が保障されるように保障給の額を定める」べき（昭22.9.13　発基17、昭63.3.14　基発150）とあり、具体的には休業手当を参考に、少なくとも平均賃金の100分の60程度の保障をすることが妥当と考えられています。

4 固定時間外手当

近年、一定額の割増賃金を固定時間外手当として、あらかじめ基本給とは別に支給する会社が多く見られます。この場合、その算出根拠を給与規程や雇用契約書、給与明細書などにはっきりと示しておくことが必要となります。不透明な運用を続けると、割増賃金が正しく支払われていないと判断される可能性があるため、適切な運用が求められます。

チェックリスト

①	手当の名称が固定時間外手当などであり、その性質や趣旨が明確になっている	Y	N
②	給与規程において、固定時間外手当（名称は問わない）は割増賃金に相当する賃金である旨や、対象者、支給方法を規定している	Y	N
③	雇用契約書において、固定時間外手当（名称は問わない）は割増賃金に相当する賃金である旨や、金額、含まれる時間数を明記している	Y	N
④	固定時間外手当（名称は問わない）に含まれる時間数は、36協定で定めた範囲内であり、時間外労働の実態と乖離していない	Y	N
⑤	時間外・深夜・休日労働分それぞれについて、個別に管理、算出を行っている	Y	N
⑥	給与規程において、実際の時間外労働に応じて計算した割増賃金の額が固定時間外手当（名称は問わない）の額を超過した場合は別途差額を支給すると規定し、実際に支給している	Y	N
⑦	固定時間外手当（名称は問わない）を支給している場合、基本給と明確に分類して給与明細書および賃金台帳に記載している	Y	N
⑧	労働者の募集に当たり、固定時間外手当（名称は問わない）を除いた基本給の額、時間数、計算方法のほか、超過分は別途差額を支給すると、求人票などに記載している	Y	N

代表的な労務コンプライアンス上の課題と対応方針

[1] 固定時間外手当の有効要件

一定時間分の時間外労働に対する割増賃金を定額で支払うこととする、いわゆる固定時間外手当について、労基法上、直接定めている規定はありません。その有効・無効については、「労働者に支払われる基本給や諸手当〈中略〉にあらかじめ含めることにより割増賃金を支払うという方法自

体が直ちに同条〈労基法 37 条〉に反するものではない」（医療法人社団康心会事件　最高裁二小　平 29.7.7 判決）という判例があります。

　固定時間外手当が割増賃金の支払いとして認められるためには、次の三つの要件を満たす必要があり、適切に運用する体制が構築できているかを確認しなければなりません。

①明確区分性

　通常の労働時間の賃金に当たる部分と割増賃金に当たる部分が明確に区別できること

②対価性

　固定時間外手当が時間外労働の対価としての性質を有していること

③差額支払い

　実際の時間外労働に応じて計算した割増賃金の額が固定時間外手当の額を超えた場合には、その差額を支給すること

[2] 固定時間外手当の運用方法

　固定時間外手当は、時間外労働のほか、休日労働や深夜労働に対する割増賃金を定額で支払うこともできますが、その場合、明確区分性の観点から、雇用契約書に内訳を明示の上、割増賃金の計算に関する内容を説明する必要があります（日本ケミカル事件　最高裁一小　平 30.7.19 判決）。

　したがって、固定時間外手当の金額の算出根拠を給与規程で定め、個別の具体的な金額や時間数を雇用契約書へ明示するとともに、社員に対し十分な説明を行った上で運用することが求められます。

　実際の時間外労働に応じて計算した割増賃金の額が固定時間外手当の額を超過する場合には、差額を支払う必要があり、固定時間外手当の額に満たない場合であっても手当を減額しない運用が一般的です。また、月途中の入退社による日割り計算や欠勤控除により固定時間外手当を減額する場合においても、実際の時間外労働に応じて計算した割増賃金の額が減額後の固定時間外手当の額を超過する部分については、その差額が支払われる

よう注意しなければなりません。

［3］ 募集要項や求人票の明示方法

　固定時間外手当を支給する場合は、固定時間外手当に含まれる時間数と金額の計算方法、固定時間外手当を除いた基本給の額のほか、固定時間外労働時間を超える時間外労働、休日労働および深夜労働に対して割増賃金を追加で支払う旨を募集要項や求人票等に明示することが求められます（平 11.11.17　労告 141）。

第4章　労務コンプライアンス上の課題

5 ｜ 年俸制

　労基法等の法令に年俸制に関する定めはなく、運用方法も会社によって
多種多様です。

　年俸制であっても、欠勤、遅刻、早退時に賃金を控除（以下、欠勤控除）
するケースもあれば、賃金を控除しない完全年俸制を導入している会社も
あります。

　そのほかにも、賞与を一定額保障しているケース（例：年俸を14分割
し夏・冬賞与時に14分の1ずつを支給）もあれば、単純に年俸額を12
分割して業績賞与を加算するケースなど、さまざまです。

　ただし、賞与の取り扱いや退職時の年俸額の清算方法等を事前に定めな
いと、後でトラブルとなるケースもあるので、ルールを定めた上で対象者
と事前に合意すべきです。

チェックリスト

①	給与規程等の人事規程に、年俸制の適用者について規定している	Y	N
②	年俸制適用者には労働契約書等を通じ、事前に年俸額（給与額）や期間等の労働条件を明示している	Y	N
③	年俸制適用者にも給与を毎月支給している	Y	N
④	年俸制適用者の欠勤・遅刻・早退時の賃金の取り扱いについて定めている	Y	N
⑤	年俸制適用者の期中退職時の年俸の清算方法について定めている	Y	N
⑥	管理監督者以外の年俸制適用者にも、時間外・深夜・休日労働時の割増賃金を支給している	Y	N
⑦	年俸額に時間外・深夜・休日労働時の割増賃金を含めている場合は、適切な方法にのっとって運用している	Y	N
⑧	年俸制適用者の賞与の取り扱いについて定めている	Y	N
⑨	年俸額に賞与が含まれている場合は、原則として、会社・本人の業績にかかわらず全額を保障している	Y	N
⑩	賞与額をあらかじめ保障している場合は、割増賃金の単価計算の対象に賞与も含めている	Y	N
⑪	期中に年俸額を変更する際の方法について定めている	Y	N

125

代表的な労務コンプライアンス上の課題と対応方針

[1] 年俸制における欠勤控除

年俸制であっても、ノーワーク・ノーペイの原則から欠勤控除することは可能です。ただし、年俸制は欠勤控除をしない制度と思い込んでいる社員もいますので、欠勤控除の有無や控除方法を定めて給与規程等の人事規程に明記しているかを確認する必要があります。

[2] 割増賃金の取り扱い

年俸制は、時間外・深夜・休日労働に対する割増賃金を支払う必要がないと誤解している会社もありますが、年俸制であっても割増賃金を支払う必要があり、実際に年俸制適用者に対し割増賃金を支払うよう命じた判例もあります（創栄コンサルタント事件　大阪地裁　平14.5.17判決、ピーエムコンサルタント［契約社員年俸制］事件　大阪地裁　平17.10.6判決）。

一方で、労働時間の長さに関係なく、成果を基準に年俸を決定する目的で年俸制を導入している会社にとっては、単に残業時間によって年収が決定してしまうことは避けたいのではないでしょうか。

そのような場合には、「4　固定時間外手当」の項〈➡ 122ページ〉で記載するような方法で解決することも可能です。

[3] 期中退職時の賞与の清算

賞与支給日に在籍していることを要件としている場合、年俸制の決定方法により、支給日在籍要件の適用可否が分かれます。

（1）年俸があらかじめ確定している場合

判例では支給日在籍要件を賞与の支給要件としているケースでも「その報酬が年額として決められ、賞与の計算方法に特段の合意がないことからすると、年度途中で退職した場合には、勤務した日数により按分するのが相当である」（山本香料事件　大阪地裁　平10.7.29判決）とされており、確定した賃金部分に関しては勤務した日数分の支給を求められる可能性が

126

第4章　労務コンプライアンス上の課題

あります。

（2）業績等により賞与部分が変動する場合

　業績等により賞与部分が変動するケースでは、年俸として確定した賃金ではないため、支給日在籍要件の適用が可能と考えられます。

［4］年俸額の期中の変更

　年俸制は前記［1］のようなケースを除き、1年間の年収を確約するものとして社員と合意していると考えられます。

　したがって、途中で社員のパフォーマンスが低下したり、会社業績が悪化したりした場合でも、本人の合意がないまま年俸額を一方的に減額することはできません。

　年俸制にはメリット・デメリットがあり、これらを理解せず安易に導入すると、かえって逆効果となるリスクもあるので、自社の組織風土や人事戦略等も考慮した上で年俸制の導入を検討すべきです。

127

6 | 賞与

賞与の支給の有無や金額の決定方法については、会社が自由に定めることができます。賞与を夏・冬の年2回支給するケースが多いようですが、年俸制を適用している会社では、賞与を支給しないケースもあります。ただ最近では、短時間労働者の戦力化を目的としつつ、同一労働同一賃金への対応も兼ねて、支給対象者を拡大する傾向にあります。

また、基本給の2カ月をベースに賞与額を個人評価で決定している会社や、経常利益や営業利益等の会社業績に連動して賞与の原資を決定する会社など、賞与はそれぞれの会社の人事戦略や人事制度の方針が色濃く反映されています。

ただし、賞与も賃金になりますので、労基法の適用を受けるのはもちろんのこと、給与規程等で明確にしている賞与のルールを会社の一方的な都合で変更することはできません。

賞与は会社の利益還元や社員の貢献度に報いるための有効な手段になりますので、労基法等のルールを遵守するのは当然ですが、社員のモチベーションが上がるような設計にすることも重要です。

チェックリスト

①	給与規程等の人事規程に、賞与の支給の有無や支給対象者を規定している	Y	N
②	給与規程等の人事規程に、会社業績によっては支給しないことを規定している	Y	N
③	給与規程等の人事規程に、賞与の支給対象期間や支給時期を規定している	Y	N
④	賞与支給日の在籍要件を設けている場合は、給与規程等の人事規程に在籍要件を規定している	Y	N
⑤	賞与額の個別決定は、人事考課をベースに算出するなどの合理的な方法で行っている	Y	N
⑥	会社業績等で賞与額（または賞与原資）を決定することを社員に明確にしている場合は、その決定方法に従っており、会社都合で変更することはない	Y	N
⑦	賞与対象期間途中に入社した社員や休業、休職・復職時などの取り扱い（支給の有無・期間按分する場合の計算方法）を規定している	Y	N

第4章　労務コンプライアンス上の課題

| ⑧ | 賞与対象期間途中の定年退職者の賞与の取り扱いを規定している | Y | N |

代表的な労務コンプライアンス上の課題と対応方針

［1］賞与の定義

「賞与とは、定期又は臨時に、原則として労働者の勤務成績に応じて支給されるものであって、その支給額が予め確定されていないもの」（昭22.9.13　発基17）とあり、支給額が確定されている場合は賞与に該当しないこととなります。

例えば、人事考課の結果にかかわらず基本給の2カ月分を支給するというケースでも、欠勤控除する場合は支給額が確定されていませんが、完全に保証する場合は支給額が確定しているため賞与に該当しないこととなります。

賞与に該当しないこととなれば、割増賃金の算定基礎となる賃金や平均賃金を計算する際の対象となる賃金に含まれますので、注意する必要があります。

［2］支給日の在籍要件

賞与支給日に在籍している社員のみを対象に賞与を支給している会社が多いようですが、支給対象者をどう定めるかは会社の自由です。

したがって、支給日の在籍要件を定めていれば、支給対象期間のすべてに在籍していても、支給日前に退職する社員には賞与は支給されないこととなります。

［3］賞与額の決定方法

賞与額の決定方法も会社の自由であり、基本給をベースに会社業績や部門業績、個人業績によって支給額に差を設ける会社が多いのではないでしょうか。

129

最近は、偏った成果主義を見直す会社も増えつつあります。業績だけ上げれば何をしてもよいという風潮や、個人業績だけに注力した結果、チームワークが損なわれてしまうという状況を招き、会社業績まで低下するという悪循環も考えられます。

　賞与額には、その支給対象期間における評価のみを反映するという短期的な視点に陥りがちですが、業績（結果）だけでなく、そのプロセスなどを評価することも必要であると考えます。

第4章　労務コンプライアンス上の課題

7 ｜ 退職金

　退職金も賞与と同様に、支給の有無や金額の決定方法については、会社が自由に決められます。

　一般的には長期勤続を前提とし、在職時の会社貢献に報いるほか、老後の生活保障等を目的として、正社員のみを支給対象とした退職金制度を導入している会社が多いようですが、同一労働同一賃金の観点から、その待遇差の理由が合理的であるか、あらためて確認する必要があります。

　退職金制度の種類も、社内準備型のほか、共済型（中小企業退職金共済など）や企業年金型（確定給付企業年金、確定拠出年金など）などに見直す傾向にあります。

　退職金をどう設計するかも会社の自由ですが、退職金も労基法の賃金に該当しますので、退職金の支給方法等のルールを明確にして退職金規程に記載しなければなりません。

チェックリスト

①	退職金規程に、退職金の支給の有無や支給対象者を規定している	Y	N
②	退職金規程に、退職金の支給額の計算方法を具体的に規定している	Y	N
③	退職金規程に、退職金の支給時期を規定している	Y	N
④	退職金規程に、死亡退職時の受取人の順位を規定している	Y	N
⑤	自己都合退職と会社都合退職によって退職金の支給率に差がある場合は、その支給率を退職金規程に規定している	Y	N
⑥	懲戒解雇した社員に対して、一律に退職金を不支給とはしていない	Y	N
⑦	退職後に懲戒解雇事由が発覚した社員には退職金の一部または全部を返還させることができるように、退職金規程もしくは就業規則に規定している	Y	N
⑧	退職金と損害賠償等の会社への債務が相殺できるように、退職金規程に規定している	Y	N
⑨	退職金の特別加算がある場合は、特別加算の支給基準等について退職金規程に規定している	Y	N

131

代表的な労務コンプライアンス上の課題と対応方針

[1] 退職金の就業規則への記載

　労基法 89 条において、就業規則に記載すべき事項として「退職手当の定めをする場合においては、適用される労働者の範囲、退職手当の決定、計算及び支払の方法並びに退職手当の支払の時期に関する事項」とあり、退職金制度が存在する場合は、これらが明確に記載されているかを確認しなければなりません。

　退職手当の決定、計算および支払の方法とは、「勤続年数、退職事由等の退職手当額の決定のための要素、退職手当額の算定方法及び一時金で支払うのか年金で支払うのか等の支払の方法をいう」（昭 63.1.1　基発 1、平 11.3.31　基発 168）とあり、より具体的に定めることが求められています。

　また、退職手当の支払いの時期については、「確定日とする必要はないが、いつまでに支払うかについては明確にしておく必要がある」（昭 63.3.14　基発 150）とあることから、実際には「退職日から〇カ月以内」等の記載が多いようです。

[2] 会社への債務と退職金との相殺

　社内貸付金制度の利用や損害賠償によって会社に債務を残したまま退職する場合であっても、一方的に退職金と相殺させることはできませんので（労基法 24 条）、原則として個別の同意が必要となります。

　個別の同意とは、本人の自由な意思が前提となりますので、例えば社内貸付金制度において未返済部分と退職金を相殺させたい場合は、退職時の未返済部分の返済方法等を貸付金の申し込み時に十分に説明の上、事前に本人の同意を書面で得るべきです。

[3] 懲戒解雇となった社員への退職金

　懲戒解雇となった社員への退職金の取り扱いについて相談を受けること

第4章　労務コンプライアンス上の課題

がありますが、過去の判例では「退職金全額を不支給とするには、それが当該労働者の永年の勤続の功を抹消してしまうほどの重大な不信行為があることが必要である」（小田急電鉄事件　東京高裁　平15.12.11判決）とあり、全額不支給を有効とできるケースは限定されるのではないでしょうか。

　したがって、懲戒解雇事由が発生した場合でも、上記を考慮した上で、全額不支給とするか、一部減額とする場合はどの程度まで減額するかを慎重に検討すべきです。なお、共済型や企業年金型の場合は、一部減額が可能であるかを各運営機関へ事前に確認する必要があります。

133

第4 労働時間・休日

1 | 労働時間制度

労働時間制度については、労基法に基づき、社員の働き方や業務内容に応じて、各種労働時間制度を導入することが可能となっています。

1．通常の労働時間制度

労基法32条では、原則、「1日8時間、1週40時間」を超えて社員を働かせることを禁止しています。同条で定められた労働時間と同様の運用を行うことが、週休2日制を原則とした「通常の労働時間制度」です。

チェックリスト			
①	労働時間は1日8時間以内に収まっている	Y	N
②	労働時間は1週40時間以内に収まっている	Y	N

2．変形労働時間制

1カ月単位の変形労働時間制

1カ月単位の変形労働時間制とは、労働時間について1カ月または1カ月以内の任意の期間を平均して週40時間以内に収めた場合に、1日8時間、1週40時間を超える所定労働時間を設定することが可能となる制度です。

チェックリスト			
①	労働時間は変形期間（1カ月以内の期間）を平均して週40時間以内に収まっている	Y	N
②	1カ月単位の変形労働時間制を採用する旨を就業規則等に規定している、または各事業場において労使協定を締結・周知している	Y	N
③	変形期間が1カ月以内となっている	Y	N
④	起算日を決めている	Y	N

	第 4 章　労務コンプライアンス上の課題		
⑤	起算日前に変形期間における各日の労働時間、始業・終業の時刻が明示されている	Y	N
⑥	シフト制を採用している場合には、それぞれのシフトについて具体的に始業・終業時刻を記載している	Y	N
⑦	事前に決定したシフト（労働日、始業・終業時刻）は、原則、変更していない	Y	N
⑧	シフトで定めた 1 日の所定労働時間（所定労働時間が 8 時間未満の場合は 8 時間）を超過した場合、時間外労働として取り扱っている ※ 1 週間の所定労働時間についても同様	Y	N

3．1 年単位の変形労働時間制

　1 年単位の変形労働時間制とは、労働時間について 1 カ月を超え 1 年以内の一定期間を平均して週 40 時間以内に収めた場合に、1 日 8 時間、1 週 40 時間を超えて所定労働時間を設定することが可能となる制度です。

チェックリスト

①	労働時間が対象期間（1 カ月を超え 1 年以内の期間）を平均して週 40 時間以内に収まっている	Y	N
②	就業規則に 1 年単位の変形労働時間制を採用する旨が規定されている	Y	N
③	各事業場において労使協定を締結し、労使協定届を所轄労働基準監督署へ提出の上、周知している	Y	N
④	対象期間が 1 カ月を超え 1 年以内の期間となっている	Y	N
⑤	起算日前に対象期間における労働日、労働時間、始業・終業の時刻が年間カレンダー等により明示されている（ただし、対象期間を 1 カ月以上の期間に区別することとした場合を除く）	Y	N
⑥	対象期間を 1 カ月以上の期間ごとに区別することとした場合、最初の期間における労働日、労働時間、始業・終業の時刻ならびに最初の期間を除く各期間における労働日数および総労働時間を定めている	Y	N
⑦	⑥の場合、最初の期間を除く各期間の初日の少なくとも 30 日前に、各事業場における社員の過半数で組織する労働組合（過半数労働組合がない場合には、社員の過半数代表者）の同意を得て、労働日、労働時間、始業・終業の時刻が定められている	Y	N
⑧	起算日を決めている	Y	N
⑨	年間総労働日数が 280 日以下である	Y	N

⑩	連続労働日数は 6 日以下（特定期間を設けている場合は 12 日以下）である	Y	N
⑪	労働時間の限度は、1 日 10 時間・1 週 52 時間である	Y	N
⑫	所定労働時間が週 48 時間を超える週は連続 3 週以内である	Y	N
⑬	対象期間の初日から 3 カ月ごとに区切った各期間において、週 48 時間を超える所定労働時間を設定した週の初日の数が 3 回以内である	Y	N
⑭	事前に決定したシフト（労働日、始業・終業時刻）は、原則、変更していない	Y	N
⑮	シフトで定めた所定労働時間（所定労働時間が 8 時間未満の場合は 8 時間）を超過した場合、時間外労働として取り扱っている ※ 1 週間の所定労働時間についても同様	Y	N
⑯	対象期間途中の採用者・退職者に対しては、割増賃金の清算処理をしている	Y	N

【参考】1 週間単位の非定型的変形労働時間制

　1 週間単位の非定型的変形労働時間制とは、小売業、旅館、料理・飲食店のいずれかに該当し、社員数は 30 人未満の事業場において、労働時間について 1 週間を平均して週 40 時間以内に収めた場合に、1 日 8 時間を超えて所定労働時間を設定することが可能となる制度です。

4. フレックスタイム制

　フレックスタイム制とは、一定期間の総労働時間（清算期間が 1 カ月の場合は 1 カ月を平均して週 40 時間以内、1 カ月超 3 カ月以内の場合は清算期間全体の労働時間が週平均 40 時間以内であり、1 カ月ごとの総労働時間が週平均 50 時間以内に限ります）を定め、社員がその範囲内で、各自の始業および終業の時刻を選択して働くことができる制度です。

チェックリスト

①	始業・終業の時刻を社員に委ねる旨を就業規則に定めている	Y	N
②	清算期間が 1 カ月の場合は、各事業場において、労使協定を締結し周知している	Y	N

第 4 章　労務コンプライアンス上の課題

③	清算期間が 1 カ月を超える場合は、各事業場において労使協定を締結し、労使協定届を所轄労働基準監督署へ提出の上、周知している	Y	N
④	清算期間を決めている	Y	N
⑤	清算期間の起算日を決めている	Y	N
⑥	清算期間が 1 カ月の場合は、総労働時間が週平均 40 時間を超えていない	Y	N
⑦	清算期間が 1 カ月を超える場合は、1 カ月ごとの総労働時間が週平均 50 時間を超えていない	Y	N
⑧	標準となる 1 日の労働時間を決めている	Y	N
⑨	フレキシブルタイムを定めている場合は、その開始・終了時刻を決めている	Y	N
⑩	コアタイムを定めている場合は、その開始・終了時刻を決めている	Y	N
⑪	フレキシブルタイムを極端に短く設定していない（コアタイムと標準となる 1 日の労働時間に差がないなど）	Y	N
⑫	清算期間を超えて労働時間の調整を行っていない（超過分に限る）	Y	N

5．事業場外労働のみなし労働時間制

　事業場外労働のみなし労働時間制とは、社員が労働時間の全部または一部について事業場外で働いた場合に労働時間を算定し難いときは、所定労働時間働いたものとみなす制度です。

チェックリスト

①	事業場外で働いた場合に労働時間を算定し難いときは、所定労働時間働いたものとみなす旨を就業規則に規定している	Y	N
②	労働者を具体的に指揮監督する者がいない（事業場外活動時）	Y	N
③	外出時のスケジュール（訪問先・訪問時間等）を事前に報告させていない	Y	N
④	携帯電話やメール等で具体的指示を出していない	Y	N
⑤	事業場外のみなし労働時間と事業場内の実労働時間を合算している	Y	N
⑥	事業場外のみなし労働時間が通常所定労働時間を超える場合、各事業場において、労使協定を締結し周知している	Y	N
⑦	事業場外のみなし労働時間が法定労働時間を超える場合は、各事業場において労使協定を締結し、労使協定届を所轄労働基準監督署へ提出の上、周知している	Y	N

137

6. 専門業務型裁量労働制

　専門業務型裁量労働制とは、一定の対象業務において、業務の遂行方法や労働時間を社員本人の裁量に委ねる必要があるため、実際の労働時間ではなく、労使協定により定められた時間働いたものとみなす制度です。

	チェックリスト		
①	専門業務型裁量労働制を採用する旨を就業規則に規定している	Y	N
②	対象となる業務が法定の業務である（下記の一覧参照）	Y	N
③	労働時間としてみなす時間を決めている	Y	N
④	休憩時間、休日労働、深夜労働の規定を適用している	Y	N
⑤	各事業場において労使協定を締結し、労使協定届を所轄労働基準監督署へ提出の上、周知している	Y	N
⑥	新卒者等職務経験がない者は適用対象としていない	Y	N
⑦	制度の対象となる社員から個別の同意をとっている	Y	N
⑧	同意しなかった社員に対し不利益な取り扱いを行っていない	Y	N
⑨	同意の撤回手続きおよび同意と撤回に関する記録を保存している	Y	N
⑩	業務の遂行の手段および時間配分の決定等に関し、使用者が具体的な指示をしていない	Y	N
⑪	健康・福祉を確保するための措置の具体的内容を決めている	Y	N
⑫	苦情の処理のために実施する措置の具体的内容を決めている	Y	N
⑬	対象となる社員の労働時間の状況、健康・福祉確保措置の実施状況、苦情処理措置の実施状況に関する記録を保存している	Y	N

※専門業務型裁量労働制の対象業務

①新商品・新技術の研究開発または人文科学もしくは自然科学に関する研究の業務
②情報処理システムの分析または設計の業務
③取材もしくは編集の業務
④衣服、室内装飾、工業製品、広告等の新たなデザインの考案の業務
⑤放送番組、映画等の制作の事業におけるプロデューサーまたはディレクターの業務
⑥コピーライターの業務
⑦システムコンサルタントの業務
⑧インテリアコーディネーターの業務
⑨ゲーム用ソフトウェアの創作の業務

⑩証券アナリストの業務	
⑪金融工学等の知識を用いて行う金融商品の開発の業務	
⑫大学における教授研究の業務	
⑬M&Aアドバイザーの業務	
⑭公認会計士の業務	
⑮弁護士の業務	
⑯建築士（1級・2級・木造建築士）の業務	
⑰不動産鑑定士の業務	
⑱弁理士の業務	
⑲税理士の業務	
⑳中小企業診断士の業務	

7. 企画業務型裁量労働制

　企画業務型裁量労働制とは、事業の運営に関する事項についての企画・立案・調査および分析の業務において、業務の遂行方法や労働時間を社員本人の裁量に委ねる必要があるため、実際の労働時間ではなく、労使委員会の決議により定められた時間働いたものとみなす制度です。

チェックリスト

①	企画業務型裁量労働制を採用する旨を就業規則に規定している	Y	N
②	対象となる業務が、事業の運営に関する企画・立案・調査および分析の業務である	Y	N
③	適用対象事業所に、企画・立案・調査および分析の対象業務が存在する	Y	N
④	労働時間としてみなす時間を決めている	Y	N
⑤	休憩時間、休日労働、深夜労働の規定を適用している	Y	N
⑥	労使委員会を設置している	Y	N
⑦	労使委員会は労働者を代表する社員（管理監督者以外）が半数以上を占めている	Y	N
⑧	労使委員会の運営に関する規程を作成している	Y	N
⑨	導入に際しては労使委員会の5分の4以上の決議により行っている	Y	N

⑩	適用対象事業所において決議届を所轄労働基準監督署へ提出の上、周知している	Y	N
⑪	決議の有効期限の始期から起算して初回は6カ月以内に1回、その後1年以内ごとに1回、所轄労働基準監督署へ定期報告を行っている	Y	N
⑫	新卒者等職務経験がない者を適用対象としていない	Y	N
⑬	制度の対象となる社員から個別の同意をとっている	Y	N
⑭	同意しなかった社員に対して不利益な取り扱いを行っていない	Y	N
⑮	同意の撤回手続きおよび同意と撤回に関する記録を保存している	Y	N
⑯	業務の遂行の手段および時間配分の決定等に関し、使用者が具体的な指示をしていない	Y	N
⑰	健康・福祉を確保するための措置の具体的内容を決めている	Y	N
⑱	苦情の処理のために実施する措置の具体的内容を決めている	Y	N
⑲	対象となる社員の労働時間の状況、健康・福祉確保措置の実施状況、苦情処理措置の実施状況に関する記録を保存している	Y	N

8. 高度プロフェッショナル制度

　高度プロフェッショナル制度とは、高度の専門的知識等を有し、職務の範囲が明確で一定の年収要件を満たす労働者を対象に、労使委員会の決議および労働者本人の同意により、労基法に定められた労働時間、休憩、休日および深夜労働の割増賃金に関する規定を適用しない制度です。

チェックリスト

①	高度プロフェッショナル制度を採用する旨を就業規則に規定している	Y	N
②	対象となる業務が法定の業務である（下記の一覧参照）	Y	N
③	制度の対象となる社員の職務内容（業務内容・責任の程度・求められる成果）を明確に定めている	Y	N
④	労使委員会を設置している	Y	N
⑤	労使委員会は労働者を代表する社員（管理監督者以外）が半数以上を占めている	Y	N
⑥	労使委員会の運営に関する規程を作成している	Y	N
⑦	労使委員会に賃金・評価制度を説明している	Y	N

第4章　労務コンプライアンス上の課題

⑧	導入に際しては、労使委員会の5分の4以上の多数による決議により行っている	Y	N
⑨	各事業場において労使委員会を設置しており、決議届をそれぞれの所轄労働基準監督署へ提出の上、周知している	Y	N
⑩	制度の対象となる社員から職務の内容に関する同意をとっている	Y	N
⑪	同意しなかった社員に対し不利益な取り扱いを行っていない	Y	N
⑫	同意の撤回手続きおよび同意と撤回に関する記録を保存している	Y	N
⑬	制度の対象となる社員の賃金が、定められた額（1,075万円）以上である	Y	N
⑭	健康管理時間を客観的な方法で把握している	Y	N
⑮	年間104日以上、かつ4週間を通じ4日以上の休日を与えている	Y	N
⑯	勤務間インターバルの確保など選択的措置を実施している	Y	N
⑰	業務の遂行の手段および時間配分の決定等に関し、使用者が具体的な指示をしていない	Y	N
⑱	健康・福祉を確保するための措置の具体的内容を決めている	Y	N
⑲	苦情の処理のために実施する措置の具体的内容を決めている	Y	N
⑳	合意に基づき定められた職務の内容、支払われると見込まれる賃金の額、健康管理時間の状況、休日確保措置、選択的措置、健康・福祉確保措置および苦情処理措置の実施状況に関する記録を保存している	Y	N

※高度プロフェッショナル制度の対象業務

①金融工学等の知識を用いて行う金融商品の開発の業務
②資産運用（指図を含む。以下同じ。）の業務または有価証券の売買その他の取引の業務のうち、投資判断に基づく資産運用の業務、投資判断に基づく資産運用として行う有価証券の売買その他の取引の業務または投資判断に基づき自己の計算において行う有価証券の売買その他の取引の業務（ファンドマネージャー、トレーダー、ディーラーの業務）
③有価証券市場における相場等の動向または有価証券の価値等の分析、評価またはこれに基づく投資に関する助言の業務（証券アナリストの業務）
④顧客の事業の運営に関する重要な事項についての調査または分析およびこれに基づく当該事項に関する考案または助言の業務（コンサルタントの業務）
⑤新たな技術、商品または役務の研究開発の業務

9. 宿直・日直

　断続的な宿直または日直勤務については、所轄労働基準監督署の許可を受けることにより、労基法に定められた労働時間、休憩および休日に関する規定の適用を除外することができます。

	チェックリスト		
①	常態として、ほとんど労働をする必要のない勤務である	Y	N
②	通常の労働の継続となっていない	Y	N
③	宿直手当または日直手当の額は、宿直または日直の勤務に就くことの予定されている同種の労働者に対して支払われる賃金の1人1日平均額の3分の1を下回っていない	Y	N
④	宿直の回数は週1回、日直の回数は月1回を限度としている	Y	N

代表的な労務コンプライアンス上の課題と対応方針

［1］ 通常の労働時間制度

　通常の労働時間制度においては、時間外労働等を除き、原則、1日8時間、1週40時間を超えて働かせることはできないため、1日の所定労働時間を8時間としている場合、週休2日制が原則となりますが、1週40時間以内でかつ1日の休日が確保されている場合には、例えば、月曜日から土曜日まで1日6時間労働（1週36時間）となる所定労働時間を設定することも可能です。したがって、労務コンプライアンス上は、1日8時間、1週40時間の枠に収まっているかを確認する必要があります。

　なお、常時10人未満の労働者を使用する商業、映画・演劇業（映画の製作の事業を除きます）、保健衛生業および接客娯楽業の事業場については、「特例措置」として週の所定労働時間を44時間以内とすることも可能です。

［2］ 1カ月単位の変形労働時間制

（1）1カ月の労働時間の総枠

　労働時間について、1カ月を平均して週40時間以内に収める必要があるため、1カ月の労働時間の総枠は、1カ月の暦日数に応じて次表のようになります（上記【1】の特例措置の事業場については、週を平均して44時間以内とすることも可能です）。したがって、労務コンプライアンス上は、1カ月の労働時間の総枠に収まっているかを確認しなければなりません。

1カ月の暦日数	31日	30日	29日	28日
労働時間の総枠 （※特例措置の事業場）	177.1時間 （194.8時間）	171.4時間 （188.5時間）	165.7時間 （182.2時間）	160.0時間 （176.0時間）

（2）振替休日の運用

　事前に決定されたシフトについては、原則として変更することはできません が、就業規則等により振替休日を行う旨が規定されている場合には、休日をほかの労働日と振り替えることは可能です（ただし、振替休日が企業の恣意的にかつ頻繁に行われていた場合には、適正なものと認められないケースもあります）。なお、振替休日の結果、事前に1日8時間、1週40時間を超えるシフトが設定されていない週においてこれら時間を超える場合には時間外労働として取り扱う必要があるため、正しく割増賃金が支払われているかを確認しなければなりません。

［3］ 1年単位の変形労働時間制

（1）労働日、労働時間の事前の特定

　1年単位の変形労働時間制では、原則、起算日前に対象期間における労働日、労働時間、始業・終業時刻を決定する必要があり、この事前に決定された労働日等を、業務の都合によって任意に変更することはできません。実務では、事前に決定された労働日等を変更しないとした運用を行うことが業務の性質上、困難であったため、1年単位の変形労働時間制から通常の労働時間制度に変更するケースもあります。

　なお、貸し切り観光バスのように、1日8時間、1週40時間を超えて労働させる日または週の労働時間をあらかじめ定めておくことが困難な業務等については、そもそも「1年単位の変形労働時間制」を適用する余地はないとされています。

（2）対象労働者の範囲の特定

　1年単位の変形労働時間制の対象となる労働者については、労使協定により、できる限り明確に定める必要があります。

（3）振替休日の運用

振替休日の運用については、1カ月単位の変形労働時間制における運用と同様の方法により可能ですが〈➡前ページ**[2]**（2）参照〉、加えて、1年単位の変形労働時間制においては、次の要件も必要となります。

①対象期間（特定期間を除く）においては連続労働日数を6日以内とする

②特定期間（最大で12日間連続の労働が可能）においては、1週間に1日の休日が確保できる範囲内とする

（4）対象期間を1カ月以上の期間ごとに分割している場合

通常、労働日等は1年間を対象期間として事前に決定しますが、対象期間を1カ月以上の期間ごとに分割する場合、最初の期間を除き、各期間の総労働日数、総労働時間のみを特定し運用することも可能です。ただし、最初の期間を除く各期間の開始する30日前までに、各日の労働日、労働時間、始業・終業時刻を、各事業場における社員の過半数で組織する労働組合（過半数労働組合がない場合には、社員の過半数代表者）の同意を得て、書面により明示しなければなりません。

[4] フレックスタイム制

（1）フレキシブルタイム・コアタイムの設定

フレキシブルタイム（選択により労働できる時間帯）、コアタイム（労働義務のある時間帯）を設定する際、フレキシブルタイムが極端に短い場合や、コアタイムと標準となる1日の労働時間がほぼ一致している場合等、労基法で定める趣旨に合致しないものについては、フレックスタイム制として認められないケースもあるので確認が必要です。

（2）欠勤・遅刻・早退等の取り扱い

フレックスタイム制において所定労働日に欠勤した場合や、コアタイムにおける遅刻・早退があっても清算期間における総労働時間分労働してい

第4章　労務コンプライアンス上の課題

る場合には、これら欠勤・遅刻・早退時間分を給与から控除できませんので注意しなければなりません。

（3）完全週休2日制の事業場

　完全週休2日制の事業場でフレックスタイム制を導入した場合には、1日8時間相当の労働であっても、曜日の巡りによって、清算期間における総労働時間が、法定労働時間の総枠を超えてしまうケースがありますが、この場合には労使協定を定めることによって、週の所定労働日数が5日（完全週休2日）の労働者に限り、「清算期間内の所定労働日数×8時間」を労働時間の限度とすることが可能です。

［5］事業場外労働のみなし労働時間制

（1）対象業務の範囲

　事業場外労働のみなし労働時間制は、事業場外で働き、かつ使用者の具体的な指揮監督が及ばないために労働時間の算定が困難な業務を対象とします。例えば、何人かのグループでの事業場外労働において時間管理を行う者がいる場合や、携帯電話等で使用者の指示を受けながら業務に従事する場合等は、事業場外労働のみなし労働時間制として認められないケースがあります。

　自社の実態を確認してみて労働時間が算定できるのであれば、この制度は適用できないこととなります。

（2）労働時間の一部を事業場内で労働した場合

　労働時間の一部を事業場内で労働した場合は、原則として、別途その労働時間を把握し、みなし労働時間に上乗せする必要があります。ただし、その業務が事業場外労働に付随して一体的に行われている場合は、別途労働時間を把握せず、みなし労働時間に含めることができるケースもあります。一体的とはいえないケースでは、結果として事業場内労働としてその時間数に対する賃金を支払う必要があるため、注意しなければなりません。

145

（3）テレワークを行う場合

自宅などでテレワークを行う場合でも、次の要件を満たせば事業場外労働のみなし労働時間制の対象となります。

①情報通信機器が、使用者の指示により常時通信可能な状態におくこととされていないこと
②随時使用者の具体的な指示に基づいて業務を行っていないこと

なお、テレワークを行う場合であっても、使用者の具体的な指揮監督が及び労働時間が算定できるのであれば、この制度は適用されないことに注意が必要です。

［6］専門業務型裁量労働制

（1）対象業務

専門業務型裁量労働制の対象業務は厚生労働省告示によって定められた20業務〈➡138ページ〉であり、その業務に該当しない場合には、原則、専門業務型裁量労働制は適用されません。なお、その対象業務については制限列挙となり、業務の内容について拡大解釈・類推解釈することはできません。したがって、正しく適用されているかを確認することが、労務コンプライアンス上重要となります。

（2）対象労働者

専門業務型裁量労働制の対象労働者においては、上記の対象業務に従事し、かつ業務の遂行方法や労働時間を社員本人の裁量に委ねる必要があります。例えば、プロジェクトチームを組んで対象業務を行っているケースで、実際にはそのチームの管理者の下、業務を遂行し、時間配分が行われている場合については、専門業務型裁量労働制には該当しないものとなります（昭63.3.14　基発150、平12.1.1　基発1）。

（3）休日・深夜労働の取り扱い

専門業務型裁量労働制では、実際の労働時間とは関係なく、あらかじめ

第 4 章　労務コンプライアンス上の課題

労使協定で定めた時間労働したものとみなしますが、休日・深夜労働をした場合には、みなし労働時間ではなく実際に働いた時間に応じて割増賃金を支払う必要があります。

（4）労働時間の把握・管理

専門業務型裁量労働制においても、安衛法 66 条の 8 の 3 等によって労働時間の状況の把握が義務づけられているほか、対象者への健康・福祉確保措置や長時間労働の抑制の観点からも、実際の労働時間について把握・管理する必要があります。この点について未対応の場合は、是正が必要です。

[7] 企画業務型裁量労働制
（1）対象業務

企画業務型裁量労働制の対象業務は、本社や本社以外の支社・支店等を問わず、厚生労働省告示によって定められた、事業の運営に関する事項であって企画、立案、調査および分析の業務を指します。なお、事業の運営に関する事項とは、事業の運営に影響を及ぼすもの（例：事業計画や営業計画等）をいい、企画、立案、調査および分析とは、企画等の名称が付いた部署名による判断はせず、企画、立案、調査および分析について相互に関連し合う業務をいいます。例えば、経営企画を担当する部署において、経営状態や経営環境等の調査および分析を行い、経営計画を策定する業務等がこれに該当することを踏まえ、正しく適用されているかを確認することが労務コンプライアンス上、重要となります。

（2）対象労働者

企画業務型裁量労働制の対象労働者においては、上記の対象業務に従事し、かつ業務の遂行方法や労働時間を社員本人の裁量に委ねる必要があります。実際の業務において本人の裁量により時間配分が行われていない場合等については、企画業務型裁量労働制には該当しないものとなります。

147

（3）労使委員会の設置

企画業務型裁量労働制を導入するには、「労使委員会」（労働者、使用者双方を代表する委員により構成）を設置し、「みなし労働時間」等必要事項について、委員の5分の4以上の多数によって決議する必要があります。

（4）報告義務

企画業務型裁量労働制では、初回は6カ月以内に1回、その後1年以内ごとに1回、「適用者の労働時間の状況、健康および福祉を確保するための措置の実施状況ならびに同意および同意の撤回の状況」について、所轄の労働基準監督署に報告する義務があるので注意しましょう。

※「[6] 専門業務型裁量労働制」における、休日・深夜労働の取り扱い、労働時間の把握・管理について〈➡ 146ページ〉は、この「[7] 企画業務型裁量労働制」においても同様の対応が必要となります。

[8] 高度プロフェッショナル制度

（1）対象業務の範囲

高度プロフェッショナル制度の対象業務については、高度の専門的知識等を必要とし、その性質上従事した時間と従事して得た成果との関連性が通常高くないと認められるものとして厚生労働省令によって定められた業務を指します。なお、当該業務に従事する時間に関し使用者から具体的な指示（業務量に比して著しく短い期限の設定その他の実質的に当該業務に従事する時間に関する指示と認められるものを含みます）を受けて行うものを除きます。具体的な指示とは、対象労働者から対象業務に従事する時間に関する裁量を失わせるような指示をいい、対象業務は、働く時間帯の選択や時間配分について自らが決定できる広範な裁量が対象労働者に認められている業務でなければなりません。

（2）対象労働者

高度プロフェッショナル制度の対象労働者とは、上記（1）の対象業務に従事し、かつ次の①および②の要件に該当する労働者です。

> ①使用者との間の合意に基づき、職務が明確に定められている
> ②年収が1075万円以上である

　使用者との合意については、書面にて業務の内容、責任の程度、職務において求められる成果その他の職務を遂行するに当たって求められる水準を明らかにした上、労働者から署名を受ける必要があります。職務を定めるに当たり、働き方の裁量を失わせるような業務量や成果を求めるものは、高度プロフェッショナル制度には該当しないものとなります。

(3) 健康管理時間の把握

　対象労働者の健康管理を行うために健康管理時間（対象労働者が事業場内にいた時間と事業場外において労働した時間との合計の時間）を把握する措置を実施する必要があります。

　健康管理時間を把握する方法は、タイムカードによる記録やパソコン等の使用時間の記録等の客観的な方法による必要があります。ただし、事業場外において労働した場合であって、やむを得ない理由があるときは、自己申告によることができます。

(4) 時間外・休日・深夜労働の取り扱い

　高度プロフェッショナル制度については、労基法で定める「労働時間・休憩・休日および深夜労働」は適用除外となりますので、法定労働時間を超える時間外労働、法定休日における休日労働、深夜労働（午後10時〜午前5時における労働）が実際に生じた場合にも、時間外・休日・深夜労働に関する割増賃金の支払いは不要です。

(5) 労使委員会の設置

　高度プロフェッショナル制度を導入するには、労使委員会（労働者、使用者双方を代表する委員により構成）を設置し、必要事項について、委員の5分の4以上の多数によって決議する必要があります。

(6) 報告義務

　高度プロフェッショナル制度では、6カ月以内ごとに1回、適用者の健

康管理時間の状況、休日の取得状況、ならびに選択的措置・健康および福祉を確保するための措置の実施状況について、所轄労働基準監督署に報告する義務があるので注意しましょう。

[9] 宿直・日直

（1）勤務の態様

労働基準監督署の許可は、常態としてほとんど労働をする必要のない勤務のみを認めるものであり、定期的巡視、緊急の文書または電話の収受、非常事態に備えての待機等を目的とするものに限り対象となります。

（2）医師、看護師の場合

通常の勤務時間の拘束から完全に解放されたものであり、一般の宿日直業務以外には特殊の措置を必要としない軽度のまたは短時間の業務に限ります。

第4章　労務コンプライアンス上の課題

2 | 時間外・休日労働（36協定）

　1日8時間・1週40時間（以下、法定労働時間）を超える時間外労働、ならびに少なくとも1週1回の休日（以下、法定休日）が確保されない休日労働を社員に行わせる場合には、労基法により、時間外・休日労働に関する労使協定（以下、36協定）を、各事業場における社員の過半数で組織する労働組合（過半数労働組合がない場合には、社員の過半数代表者）と締結し、協定届を所轄労働基準監督署に提出しなければなりません。

1．就業規則への規定

　36協定の締結に加えて、就業規則上においても、時間外・休日労働を行わせることについて規定する必要があります。

チェックリスト

①	時間外・休日労働を行う旨について規定している	Y	N
②	時間外・休日労働を命ぜられた場合の社員の遵守義務を規定している	Y	N

2．36協定の締結

　36協定については、労基法により締結事項や運用方法等が定められていますので、注意が必要です。

チェックリスト

①	原則の限度時間〈➡次ページ〉を満たしている	Y	N
②	適用対象者を明確に定めている	Y	N
③	時間外・休日労働が必要な場合の具体的理由を定めている	Y	N
④	各事業場において労使協定を締結し、有効期間の初日までに労使協定届を所轄労働基準監督署へ提出の上、周知している	Y	N
⑤	社員の過半数代表者を選出する場合は、投票・挙手等の民主的な手続きにより行っている（会社が一方的に選任していない）	Y	N

151

⑥	労基法上の管理監督者が社員の過半数代表者となっていない	Y	N

3. 36協定における特別条項

臨時的な特別の事情により、労基法により定められた時間外労働の上限（限度時間。月45時間・年360時間）を超える労働を行わせる場合には、36協定において特別条項を定める必要があります。なお、特別条項により、限度時間を超えることができる回数は、協定締結期間の半分（協定締結期間が1年の場合は6回）までです。

チェックリスト

①	特別条項を定めている	Y	N
②	時間外・休日労働が必要な場合の特別な事情について、具体的理由を定めている	Y	N
③	特別条項を適用する際の手続きがとられている（社員本人への事前通知、社員の過半数代表者への事前通知、労使の事前協議など）	Y	N
④	限度時間を超えることができる回数は協定締結期間の半分（1年の場合は6回）までとなっている	Y	N
⑤	特別条項による時間外・休日労働の延長時間を遵守している	Y	N
⑥	特別条項により、限度時間を超える時間外・休日労働が生じた際の割増賃金率を定めている	Y	N
⑦	特別条項を適用した際の健康および福祉を確保するための措置を実施している	Y	N
⑧	次に掲げる時間外・休日労働の上限を遵守している	Y	N
	・時間外労働と法定休日労働の合計が単月100時間未満	Y	N
	・時間外労働と法定休日労働の合計が複数月を平均して月80時間以内	Y	N

代表的な労務コンプライアンス上の課題と対応方針

［1］36協定の締結

法定労働時間を超える時間外労働や、法定休日における休日労働は労基法上、原則として禁止されています。しかし、36協定を書面により締結し（協定書）、協定届を所轄労働基準監督署へ提出することによって、時

間外・休日労働を行うことが認められることになります。

　協定書については、労基法により定められた締結事項が網羅されていれば、会社の任意の書式で構いません。一方、協定届は労基法で定められた所定の様式（様式第9号ほか）により、提出する必要があります。

　なお、2021年4月から協定届への押印・署名が不要とされましたが、協定書については引き続き労使の合意がなされたことが明らかになる方法（記名押印、署名、電子署名など）により締結する必要があるので注意しましょう。また、協定書の締結を省略し、協定届に押印することで協定書を兼ねている場合は、協定届への押印・署名を省略することはできません。

[2] 36協定の有効期間

　36協定は、協定書を締結し、かつ協定届を所轄労働基準監督署へ届け出ることにより、初めてその効力を有するものとなります。つまり、協定の有効期間の初日を過ぎて届け出た場合、その日から実際の労働基準監督署への提出日までについては36協定が無効と判断され、本来は時間外・休日労働を行わせることができないものとなりますので、36協定は必ず有効期間前に締結し、協定届を所轄労働基準監督署へ届け出なければなりません。なお、協定届の有効期間は最大1年間となりますので、毎年更新の際には事前の準備が必要です。

[3] 複数の事業場がある場合

　本社以外に複数の事業場がある場合、協定届の提出については、本社と各事業場の内容が同一であることによる協定届の一括の届け出が行われない限りは、全事業場ごとに所轄労働基準監督署への提出が必要となります。

　なお、自社において届け出状況を調査する際には、全事業場の協定届の現物（届け出の控え）を確認する必要があり、仮に届け出ていない、あるいは有効期間が過ぎているものがある場合には、速やかに協定届を提出します。

153

実際に労働基準監督署による調査等が行われた場合には、協定届の未提出についての是正勧告を受けやすく、労務リスクが非常に高いといえますので、注意が必要です。

[4] 36協定の限度時間等

36協定における法定労働時間を超える時間外労働の上限（限度時間）は、労基法により定められています。会社は、この限度時間の範囲内で、1日、1カ月および1年の各期間について延長することができる時間数、ならびに労働させることができる法定休日の日数および始業・終業時刻を協定することになります。

（1）1日における限度時間

1日の限度時間については、坑内労働その他厚生労働省令で定める健康に特に有害な業務に従事する場合（1日の時間外労働の限度時間は2時間）を除いて、特段の制限はありません。

（2）1カ月および1年における限度時間

1日を超える一定の期間は、1日を超え1カ月以内の期間および1年間とする必要があります。なお、協定の起算日については、協定で定められた延長時間を遵守するため、毎月の給与（勤怠）の計算期間の開始日（例：月末締めの場合、毎月1日）を起算日として管理することが望ましいと考えられます。

なお、特別条項を締結した場合には、1年について6カ月以内の範囲で、原則の限度時間を超えて時間外・休日労働の延長時間を定めることができます。ただし、特別条項を締結した場合であっても、次の上限を超えることはできません。

①時間外労働が年720時間以内
②時間外労働と法定休日労働の合計が単月100時間未満
③時間外労働と法定休日労働の合計が複数月を平均して1カ月当たり

80 時間以内

※②および③については、特別条項の有無にかかわらず1年を通して常に遵守しなければなりません。

（3）限度時間の遵守

36協定の限度時間を遵守することは労務コンプライアンス上、非常に重要なことであり、労働基準監督署による調査等で不適切な部分が見つかった場合には、36協定違反として是正勧告を受けやすく、労務リスクが非常に高いものとなりますので、注意が必要です。

（4）その他注意事項

自動車の運転の業務、建設の事業等については、これまでに述べた上限規制の適用が猶予されていましたが、2024年4月より適用が開始されています。なお、新技術・新商品等の研究開発の業務については、引き続き上限規制の適用除外となります。

3 | 労働時間の把握

労働時間の把握については、労基法において、労働時間、休日、深夜業などの規定を設けていることから、会社は当然に労働時間を適正に把握するなど労働時間を適切に管理する責務を有しています。

労働時間の把握は、「労働時間の適正な把握のために使用者が講ずべき措置に関するガイドライン」（平 29.1.20　厚生労働省策定）で定める方法に従う必要があります。

チェックリスト

	自己申告以外の場合		
①	管理監督者を含むすべての社員について、タイムカードやICカードなどによって客観的に始業・終業時刻を記録している	Y	N
②	打刻（記録）のタイミングに関するルールを定め、すべての社員に周知している（始業・終業時、休憩開始・終了時、出張時など）	Y	N
③	会社側で自ら現認することで確認する場合、具体的な勤務時間を記録している	Y	N
④	在社時間と労働時間に大きな乖離が生じていない（乖離がある場合は、乖離理由を把握している）	Y	N
⑤	労働時間は1分単位で記録している	Y	N
	自己申告の場合		
①	業務の性質上、タイムカードやICカードなどによって客観的に労働時間を把握することができない	Y	N
②	管理者に対して自己申告制の適正な運用や講ずべき措置などについて説明を行っている	Y	N
③	すべての社員に対して適正な申告を行うための説明を行っている	Y	N
④	入力・記入のタイミングに関するルールを定め、すべての社員に周知している（始業・終業時、休憩開始・終了時、出張時など）	Y	N
⑤	社員からの労働時間の適正な申告を阻害する目的で、時間外労働時間数の上限を設定するなどの措置を行っていない	Y	N
⑥	パソコンのログイン時刻等により、申告時間と実際の労働時間とが合致しているかの実態調査を定期的に行っている	Y	N
⑦	実態調査により大幅な乖離が明らかになった場合、必要な指導を行っている	Y	N
⑧	社員の退職後も、指導記録等を保存している	Y	N

第 4 章　労務コンプライアンス上の課題

呼出待機の場合			
①	緊急用の携帯電話を持たせ、所定労働時間以外も電源を入れるよう指示していない	Y	N
②	電話対応をしなかった場合に、ペナルティーを課していない	Y	N
③	緊急対応をさせている場合には、手当を支払っている	Y	N
④	通話時間については、労働時間として取り扱っている	Y	N
残業指示・持ち帰り残業			
①	会社から不必要な残業指示を行っていない	Y	N
②	残業については、事前申請による予定時間と実績時間の両方を把握・管理している	Y	N
③	実際の残業実績については、日々、上司が確認・承認する体制が整っている	Y	N
④	自宅での持ち帰り残業を命令（または確認）した場合、時間外労働として取り扱っている	Y	N
その他の労働時間の取り扱い			
①	任意研修は時間外労働として取り扱わないとともに、任意研修に参加しなかった場合に不利益な取り扱い（評価への反映など）もしていない	Y	N
②	更衣時間などの労働に付随する時間についても記録している	Y	N
③	客観的な記録なしに、始業前・終業後の社員の在社時間を労働時間から除外していない	Y	N

代表的な労務コンプライアンス上の課題と対応方針

［1］自己申告制

　会社には、社員の労働時間を適正に把握する義務があります。したがって、労働時間の把握・管理を完全に社員任せにすることはできません。始業および終業時刻を申告書等によって記録として残す一方で、申告された労働時間が実際の労働時間と合っているかどうかについて、定期的に実態調査を行う必要があります。

　その際に把握された、私的な理由による離脱時間については、「労働時間ではない」という根拠を残すことができる社内システムの構築を進めるべきでしょう。単に出社・退社の時刻を記入させるのではなく、ゆとり出社や仕事を終えた後の私的な会話の時間は、別に記入できるような申告書

157

等の形式に変更していくといった方法が、その一例です。

　社員が会社にいる時間（在社時間）イコール労働時間という状態は、実際には想定しづらいことと思います。会社側としては、とうてい労働時間と認められない時間については、前述のように別に記録をとっておくことで、賃金原資から切り離して管理することが可能となります。あまりに乖離が大きい場合については、本人から具体的な不就労理由を申請・記入させる社内フローを別途導入すべきです。

[2] 管理監督者

　長時間労働者に対する医師による面接指導を確実に実施するために、2019年4月より、労働者の労働時間の状況を把握することが義務づけられました（安衛法66条の8の3）。

　労基法上の管理監督者は労働時間の規制を受けないものの、労働者の健康確保措置を適切に実施する観点から、管理監督者も含めたすべての労働者が労働時間把握義務の対象となります。

[3] 更衣時間など

　業務開始に当たり必要となる段取り時間は、その業務と一体・不可分のものと考えられるため、労働時間として把握・管理する必要があります。

　会社によっては、勤務に当たって制服の着用を義務づけている場合がありますが、この更衣時間は労働時間として扱う必要があります（三菱重工業長崎造船所事件　最高裁一小　平12.3.9判決）。

　この場合、①更衣を所定労働時間内に行わせる、②固定の更衣時間を別に設定し、その分を時間外労働として把握する、といった対応をとっていくべきでしょう。また、業種によってはなじまないケースもありますが、思い切ってユニフォームを廃止するといった方法も一案かもしれません。ワーク・ライフ・バランスへの関心が高まってきている今日においては、社員の拘束時間の軽減に積極的であるというアピールは、むしろ好意的に

受け止められる可能性もあるでしょう。

［4］持ち帰り残業

　持ち帰り残業が、時間外手当の支給対象となるかどうかは非常に判断が難しいところです。そもそも労働に当たらなければ、その分の賃金の支払いは不要となります。ここでいう労働とは、「使用者の指揮命令の下で、労働契約に基づいて労務を提供すること」といえます。したがって、この前提に立つならば、退社後の社員の私的時間に対しては本来、会社の指揮命令は及ばないことになります。

　しかし、納期逼迫（ひっぱく）の場合や過度の業務負荷を暗にかけている場合等は、会社が黙示の指示を行ったものと見られるおそれがあります。こういった場合に備えて、持ち帰り残業が必要なときは必ず、事前に上司への申告を行う旨の社内ルールを周知すべきです。その際、予定作業時間を申告させるだけではなく、必ず実作業時間も申告させ、日々把握・承認できるようなフローを整備しておくことをお勧めします。

　加えて、就業規則の服務規律に「持ち帰り残業の禁止」を明記して、社員への意識づけを図っていく必要もあるでしょう。

［5］呼出待機時間の取り扱い

　勤務時間外に社員がどのように時間を使うかは、基本的に本人の自由です。そのため会社が指定する場所に常時いる必要もなく、連絡先を明らかにする必要もありません。しかし、やむを得ず業務の都合により自宅等で呼出待機させる場合は、就業規則等に制度を定め、周知しましょう。

　待機時間中は私服で、自宅等で自由に過ごすことができる場合は、労働時間として扱うことまでは求められないと考えられますが、業務指示があればいつでも応じられる状態での待機であれば、手待時間となり労働時間として扱う必要があるので注意しましょう。

4 | 休日

　休日とは、もともと働く義務のない日を意味します。この休日について
は、労基法 35 条で次のように定められています。

> 使用者は、労働者に対して、毎週少くとも 1 回の休日を与えなければ
> ならない。

　ただし、例外として 4 週間を通じて 4 回の休日を与える方法も認めら
れています。この休日のことを法定休日と呼び、それ以外の休日のことを
一般的に法定外休日（所定休日と呼ぶこともあります）といいます。この
場合、後々の労務リスクとならないように就業規則にしっかりとその旨を
記載しておくべきです。

チェックリスト

法定休日			
①	法定休日となる日を明記している（明記しているほうが望ましい）	Y	N
②	毎週 1 回（または 4 週間に 4 回）の休日がある	Y	N
③	変形休日制を適用している場合は、起算日を定めている	Y	N
④	日曜日以外を週の起算日とする場合、その起算日を明記している	Y	N

法定外休日			
①	週 40 時間制が適用できる範囲で休日を指定している	Y	N

振替休日			
①	振替休日を規定している	Y	N
②	事前に振替休日を決定している（振り替える労働日を特定している）	Y	N
③	振り替えとなる日が近接するように配慮している	Y	N
④	振り替えの結果、1 週間の労働時間が 40 時間を超えた場合には割増賃金（25% 以上）を支払っている	Y	N
⑤	給与計算締日までに振替休日を取得できなかった場合は、時間外労働（休日労働）分の賃金として 125%（135%）以上を支給している（給与計算締日以降に振替休日を取得した際には、100%分を控除）	Y	N

第 4 章　労務コンプライアンス上の課題

代休			
①	代休を規定している	Y	N
②	有効な 36 協定を届け出ている	Y	N
③	代休部分の割増賃金（25％以上もしくは 35％以上）を支払っている	Y	N
④	給与計算締日までに代休を取得できなかった場合は、時間外労働（休日労働）分の賃金として 125％（135％）以上を支給している（給与計算締日以降に代休を取得した際に、100％分を控除）	Y	N
⑤	代休に消化期限を設けている場合、期限までに消化できなかった代休に対し割増賃金を支払っている	Y	N

代表的な労務コンプライアンス上の課題と対応方針

［1］休日

　休日は、労働契約において労働義務がないものとされている日のことをいい、労働者が労働義務を免れることができる日である休暇や、労働日において使用者が就労させない日である休業日とは区別されます。

　原則として、休日は単に 24 時間の連続休業時間を設けるだけでは足りず、一定の要件を満たすものであることが求められ、休「日」といっている以上、「午前 0 時から午後 12 時までの休業」を意味するとされています（昭 23.4.5　基発 535）。

［2］一昼夜交替勤務の場合

　ここで問題となるのが、いわゆる一昼夜交替勤務の場合の休日の考え方でしょう。例えば、午後 10 時から翌日午前 7 時までといったように勤務が 2 暦日にまたがって行われるケースでは、勤務シフトの問題で、勤務番明けの継続した 24 時間の非番を休日としてしまいがちです。しかし、非番が勤務明けの午前 7 時（暦日の途中）から開始するため、これでは先に挙げた「午前 0 時から午後 12 時まで」という行政通達の休日の条件を満たせないこととなります。

　この場合、その非番日の翌日（午前 0 時）から 24 時間分の休日が確保

161

できているかどうかを確認することになります。

[3] 番方編成による交替制

24時間を3交替制で回すような、いわゆる番方編成による交替勤務の場合には、例外的に休日は連続24時間の休みを与えればよく、必ずしも1暦日の休みを与えなくても差し支えないとされています。この場合は、次のいずれも満たしている必要があります（昭63.3.14　基発150）。

・番方編成による交替制によることが就業規則等により定められており、制度として運用されていること
・各番方の交替が規則的に定められているものであって、勤務割表等によりその都度設定されるものではないこと

[4] 法定休日の特定

毎週、少なくとも1回の休日が確保されていれば、コンプライアンス上の問題は原則として生じません。では、いつを休日とするのかを特定する必要まであるのでしょうか。

この問題については、行政通達で次のような見解が示されています（昭23.5.5　基発682、昭63.3.14　基発150）。

・法第35条は必ずしも休日を特定すべきことを要求していないが、特定することがまた法の趣旨に沿うものであるから就業規則の中で単に1週間につき1日といっただけではなく具体的に一定の日を休日と定める方法を規定するよう指導されたい
・常時10人未満の労働者を使用する事業においても具体的に休日を定めるよう指導されたい

つまり、労基法に明文規定がないため強制というわけにはいかないという見解です。「労働基準法所定のとおり休日を与える」といった簡易な記

162

第4章　労務コンプライアンス上の課題

載の就業規則のひな型がありますが、実際に休日が確保できているかどう
か不明確なケースも多く見受けられます。この状態では、意図せず休日労
働が発生してしまっていることも考えられます。

　これは言い換えれば、休日労働分の賃金債務を潜在的に増やしている
（不払いが生じている）ことにほかなりません。重大な労務問題として表
面化する前に、確認すべき点といえます。

[5] 振替休日と代休

　振替休日と代休を同じものとして運用しているケースを目にします。し
かし、この二つは全くの別物です。振替休日は、次の要件を満たして行わ
れた場合、休日労働とはなりません。

> 振替休日の要件
> ①就業規則等に振替休日の規定が存在すること
> ②あらかじめ振替日を決めておくこと
> ③法定休日が確保されるように振り替えること

　これに対して代休は、上記の要件を満たさずに行われた休日労働の代償
として、会社が任意に与える休日といえるでしょう。注意しなければなら
ないのは、振替休日のつもりでも、その要件を欠いてしまった場合は休日
労働とされてしまう点です。この場合、たとえ後から代休を与えたとして
も休日労働の事実は消えませんので、その分の割増賃金を支払う必要があ
ります。

　また、見落としがちな労務リスクの一つとして、週休1日制の場合の振
替休日の取り扱いが挙げられます。週休1日制の場合、次の週に休日を与
えたとしても、その週唯一の休日（法定休日に当たります）を労働日とし
てしまった以上、休日労働の割増賃金が発生している点を見落とさないよ
うにしてください。

163

[6] 振替休日と賃金の支払い

　次に、実務上の問題点である賃金計算期間をまたいだ振替休日の処理について触れます。つまり、ある賃金計算期間の最後の週に休日労働を行い、賃金計算期間をまたぎ休日の振り替えを行ったような場合の賃金の支払い方法についてです。

　まず、賃金の支払いについて労基法 24 条は、「通貨で、直接、全額を、毎月 1 回以上、一定期日に支払う」ことと定めています。このうち、「全額を」という部分が、ここでの焦点となります。つまり、ある賃金計算期間内で休日の振り替えを行ったとはいえ、振り替えた休日が翌月にまたがるのであれば、休日労働をさせた分の賃金はいったん全額（135％以上）を支払わなければなりません。その上で、近接した次の賃金計算期間内で休日を与えた事実を確認した後、100％分を控除する処理となっていれば問題ありません。

　次の週にすぐ休日を与えるからといって、その賃金計算期間の支給分を0％とし、次の賃金計算期間にすべて繰り越すような対応は、行政指導の対象となりかねない労務リスクです。

　また、予定していた振替休日を与えることができなかった場合には、速やかに割増賃金を支払い、未消化分をため込まないようにしてください。当然のことながら、振替休日を与えずにため込むということは、賃金債務をため込んでいる（不払いが生じている）ことにほかならず、高い労務リスクに該当します。社員のモチベーション維持という観点からも、しっかりと未消化分について管理していける労務管理スキームも同時に整備するとよいでしょう。

[7] 分割付与

　振替休日や代休を取得させる際、半日単位や時間単位に分割して取得させるケースを見かけますが、法定休日の振替休日については、暦日単位での付与となるため注意が必要です。

第 4 章　労務コンプライアンス上の課題

　前述のとおり、法定休日は暦日単位で付与する必要があるため、半日単位や時間単位に分割して付与することができません。一方、法定外休日は半日単位や時間単位に分割して付与することも可能です。また、代休については会社が任意に与える休日であるため、分割して付与することができます。

　振替休日や代休を運用する場合は、就業規則にその取り扱いルールを定める必要があります。特に分割付与を運用する場合には、取り扱いルールを定めるとともに、分割付与による管理の煩雑さも考慮して、休養日としての休日の趣旨に反しない程度の運用にとどめることが望ましいでしょう。

5 | 休憩

　労基法は、長時間の継続した労働が人体に与える悪影響から社員を守るため、休憩とその与え方について、いくつかの規定を置いています。特に休憩時間については、次の原則を守らなければなりません（労基法34条）。

> ・6時間を超える労働の場合は、少なくとも45分の途中休憩を与える
> ・8時間を超える労働の場合は、少なくとも1時間の途中休憩を与える

　また、休憩の3原則（自由利用・一斉付与・途中付与）についても、適切な配慮が必要です。休憩は労働からの解放を意味しますから、前後に労働時間があることが前提となります。したがって、仕事の始めや終わりにまとめて与えたとしても、それは休憩には当たりません。

チェックリスト

①	法定の休憩時間数が守られている	Y	N
②	8時間を超えて勤務する場合、1日1時間の休憩時間を与えている（残業時においての対策）	Y	N
③	法定の休憩時間を取得できずに1日の法定労働時間を超える場合は、その分の時間を時間外手当の対象としている	Y	N
④	休憩時間は自由に利用できるようにしている	Y	N
⑤	相応の理由がある場合を除き、外出について禁止していない	Y	N
⑥	電話応対などの義務を課していない	Y	N
⑦	一斉付与対象業種の場合、一斉に与えている	Y	N
⑧	一斉付与対象業種で別々に与える場合には、各事業場において労使協定を締結・周知している	Y	N
⑨	始業時刻や終業時刻と接続させる形で、まとめて与えるような対応をしていない	Y	N
⑩	短い細切れ時間として与えるなど休憩の趣旨を害するような与え方をしていない	Y	N
⑪	パートタイム労働者やアルバイトについても、所定の休憩を与えている	Y	N

第4章 労務コンプライアンス上の課題

代表的な労務コンプライアンス上の課題と対応方針

［1］時間差付与

　休憩は、その事業場単位で一斉に与えることが原則となっています（労基法34条2項本文）。しかし、全員が一斉に持ち場を離れてしまうというのは、現実的ではない場合が多々あることから、いわゆる「一斉付与除外の労使協定」を結ぶことを条件に時間差付与をすることも認められています（同項ただし書）。この対応をとらずに休憩時間をバラバラに付与することは、違法となってしまいます（特定の業種は協定不要）。

［2］休憩中の外出

　休憩時間は、社員が権利として労働から離れることを保障された時間です。権利である以上、当然、権利者である社員が利用方法を自由に決められることになります（同条3項）。とはいっても、その時間の前後は労働契約の内容に則して働く義務がある以上、外出を含めて完全に自由に利用させることまでは要求されていません。行政通達も、「事業場の規律保持上必要な制限を加へることは休憩の目的を害さない限り差し支へない」（昭22.9.13　発基17）として許容しているところです。したがって、外出に一定の制限を加えること自体は、原則として問題ありません。

　この場合、社員の抵抗感を払拭するためにも、①社内に十分な休憩スペースを確保する、②制度の名称を工夫する（例えば、外出許可ではなく外出届や外出シートとする）といった対応が考えられます。

［3］テレワーク中の中抜け時間

　最近はテレワークを導入する会社も増えてきましたが、テレワークでは、一定時間、労働から離れること（いわゆる中抜け時間）を認める傾向にあります。

　「テレワークの適切な導入及び実施の推進のためのガイドライン」（厚生労働省策定）では、テレワーク中の中抜け時間について、使用者から業務

167

の指示がなく、労働者が労働から離れ、自由に利用することができる場合
には、休憩時間として取り扱う、または時間単位の年次有給休暇として取
り扱うことなどが考えられるとされています。なお、中抜け時間を取った
ことで始業時刻や終業時刻の変更が行われることがある場合には、その旨
を「就業規則」に記載する必要があるため注意しましょう。

第4章 労務コンプライアンス上の課題

6 | **管理監督者**

　労基法41条2号に該当する管理監督者については、労基法で定める「労働時間・休憩および休日」について適用除外となりますが、実務上は、単なる役職者だからということで、時間外労働の割増賃金を支払わなかった場合に、後日、割増賃金の支払いを裁判等に持ち込まれる例も少なくありません。

　過去の判例［図表4-4］を参考に、その権限や処遇等に照らして、管理監督者として取り扱うことが適正かどうかを確認する必要があります。

チェックリスト

①	管理監督者について、労働時間・休憩および休日の規定が除外される旨を規定している	Y	N
②	重要事項を決定する経営会議等に出席している	Y	N
③	管理監督者以外の社員との間において、職務内容に明確な差を設けている（職務権限規程等）	Y	N
④	担当する部署の事業計画・方針に関する決定権等、業務上、一定の権限を有している	Y	N
⑤	社員の採用を判断する際、管理監督者の意見を十分に反映している	Y	N
⑥	社員の人事評価を行う際、管理監督者の意見を十分に反映している	Y	N
⑦	部下の勤怠管理（時間外・休日・深夜労働、年次有給休暇、遅刻・早退等の承認等）を行っている	Y	N
⑧	管理監督者が遅刻・早退をした場合に賃金控除はしていない	Y	N
⑨	管理監督者が遅刻・早退をした場合に、自身の人事評価に反映させていない	Y	N
⑩	実際の労働時間に比例する時間外労働等の割増賃金は支給していない	Y	N
⑪	役職手当等の額は十分な額に設定している	Y	N
⑫	賞与の支給水準に社員との差を設けている	Y	N
⑬	時間外労働等の割増賃金が支給される社員との間に、賃金の逆転が恒常的に発生していない	Y	N
⑭	非管理監督者との間に、年収での逆転が生じていない（主に直近下位の社員）	Y	N

169

代表的な労務コンプライアンス上の課題と対応方針

[1] 管理監督者の範囲

労基法41条2号における管理監督者とは、通常の社員の労働条件の決定その他労務管理について経営者と一体的な立場にある者をいいます。

また、「労働時間・休憩および休日」が適用除外となる労基法の趣旨としては、労働時間、休憩、休日に関する法規制の枠を超えて業務に従事することが要請されざるを得ない、重要な職務と責任を有し、現実の勤務態様も労働時間等の規制になじまないような立場にある者に限るとし、その範囲については限定的であることとされています。

なお、通常、一定の役職者については、職務の内容と権限等に応じた職位、資格といったものが付与されていますが、管理監督者の範囲を検討する際には、その職位や資格等の名称（例：部長、課長、工場長等）にとらわれることなく、職務内容、責任と権限、勤務態様に応じて判断する必要があります（昭22.9.13　発基17、昭63.3.14　基発150）。

[2] 管理監督者の割増賃金

管理監督者については、労基法で定める「労働時間・休憩および休日」については適用除外となりますので、法定労働時間を超える時間外労働や、法定休日における休日労働が実際に生じた場合にも、時間外・休日労働に関する割増賃金の支払いは不要です。

しかし、労基法ではあくまでも「労働時間・休憩および休日」についてのみ適用除外としており、いわゆる深夜労働（午後10時～午前5時）に関しては、管理監督者についても通常の社員と同様に労基法の適用を受けることになります。

これにより、管理監督者が深夜労働を行った場合には、原則として、その労働時間に対する深夜の割増賃金を支払う必要があります。

なお、1日の所定労働時間を超えて深夜労働が生じた場合にも、割増賃金の計算については、あくまでも労基法で定められた深夜の割増賃金率

第4章　労務コンプライアンス上の課題

「25％」を基に計算することで足り、通常の社員のように、「25％＋125％（時間外労働の割増賃金率）＝150％」を基に計算する必要はありません。この深夜労働分の支払いも適正に行われているかを確認します。

[3] 管理監督者の判断基準

　管理監督者の範囲の検討に当たっては、過去の判例［図表4-4］をベースに、次の四つのポイントを確認する必要があります。このとき、あるポイントについて基準を下回ることが必ずしも管理監督者を否定するものではなく、会社の実情やその他のポイントの結果を基に総合的に判断することになります。

　自社において、下記の四つのポイントを満たしているかを確認し、満たしていない場合には、労基法の管理監督者としての取り扱いから外すケースも多く見受けられます。

（1）出退勤の自由

　出退勤の自由については、遅刻・早退における賃金控除はもとより、遅刻・早退を管理監督者本人の人事評価に反映しないことは、管理監督者として認められる要素となります。

　なお、2019年4月より、労働者の労働時間の状況を把握することが義務づけられたことから、長時間労働の防止や深夜割増賃金の支払いの観点からも通常の社員と同様に労働時間管理を行う必要があります。

（2）経営への関与

　経営への関与については、具体例として、会社の重要な経営会議への出席が挙げられますが、単に会議に出席するだけでなく、その会議の場での一定の発言権や影響力を有していることも求められます。

（3）人事への関与

　人事への関与については、具体例として、社員の採用権、人事考課権が挙げられます。いずれの場合にも、一定の決定権や決定プロセスにおける影響力を有していることが求められます。

図表 4-4　過去の管理監督者に関する判例のポイント

重視される事項	判例のポイント
出退勤の自由	・タイムカードや出勤簿等による非管理監督者と同様の勤怠管理方法は、労働時間が管理されているものと判断 　→現状は、2019 年の安衛法の改正により、管理監督者を含むすべての労働者の労働時間の把握が義務づけられている
	・遅刻や早退が、給与・賞与等の人事評価に反映されることは、労働時間が管理されているものと判断
	・遅刻や早退を禁止するような就業規則・社内通達・日常の指導も労働時間が管理されているものと判断
	・営業時間が決められており、一部であってもシフトに組み込まれている場合には、労働時間が管理されているものと判断
経営への関与	・単に経営会議に出席するだけでは不可。経営判断に参考となる発言や影響力が必要（単に方針を連絡するだけの経営会議は不可）
人事への関与	・アルバイトの採用権限があるだけでは認められず、正社員への採用権限が必要
	・社員の人事評価も一次考課者では管理監督者ではないと判断
役職に見合った給与	・役職者としての手当があるとより有効
	・年収にも明確な差があることが必要（管理監督者のうち下位の 10％が、非管理監督者に逆転したのは管理監督者としてふさわしい待遇ではないと判断）
	・給与に明確な差があっても、属人的要素（住宅手当、家族手当等）によるものであれば管理監督者としての給与ではないと判断
	・仮に管理監督者性が否定された場合、未払い残業代と役職手当を相殺するには“時間外手当見合い”として支給されており、かつ、“時間外手当見合い”としての賃金が明確となっていることが必要

（4）役職に見合った給与

　役職に見合った給与については、具体例として、給与が通常の社員（非管理監督者）と比べて金額の逆転が生じていない、賞与の評価等が優遇されている、十分な役職手当が支給されていることなどが挙げられます。

　なお、給与の逆転については、割増賃金を含めた金額と比較する必要がありますが、賞与等を含めた年収では逆転が生じない場合には、適正なものとして認められるケースもあります。

第4章　労務コンプライアンス上の課題

第5　年休・法定休業・休暇

1 | 年次有給休暇

　年次有給休暇（以下、年休）は、会社が社員の疲労回復や健康の保持・増進を目的として所定の休日以外に休暇取得を認めるとともに、一定の賃金を支払うこととする制度です。正社員に限らず、パートタイム労働者なども利用できる権利であることに注意する必要があります。

チェックリスト

①	法定付与日数を与えている	Y	N
②	出勤率の算定に当たり、出勤とすべき労働を適切に取り扱っている	Y	N
	・就労日（遅刻・早退含む）	Y	N
	・業務上の傷病による休業の期間	Y	N
	・育児休業、出生時育児休業（産後パパ育休）、介護休業の期間	Y	N
	・産前産後休業の期間	Y	N
	・年休の取得期間	Y	N
③	年休の取得に当たり、取得理由によって可否を判断していない	Y	N
④	試用期間を含め、6カ月経過した段階で10日分を付与している	Y	N
⑤	契約社員であっても、契約が更新される限り通算している	Y	N
⑥	パートタイム労働者やアルバイトにも付与している	Y	N

比例付与

①	法定付与日数を与えている	Y	N
②	比例付与対象者に、比例付与する旨を雇用契約書等で通知している	Y	N
③	労働条件確定時（起算日）をベースにした付与日数を与えている	Y	N

時季変更権

①	時季変更権について就業規則に規定している	Y	N
②	時季変更権を濫用していない（年休を取得させないようなことを行っていない）	Y	N

時季指定権

①	時季指定権について就業規則に規定している	Y	N
②	時季指定を行う場合、会社は社員の意見を聴き尊重している	Y	N

計画的付与			
①	計画的付与を行う場合、各事業場において、労使協定を締結し周知している	Y	N
②	年5日を超える部分にのみ適用している	Y	N

半日年休			
①	半日年休を認めている	Y	N
②	半日年休について定義している	Y	N

時間単位年休			
①	時間単位年休を認めている	Y	N
②	各事業場において、労使協定を締結し周知している	Y	N
③	1年について5日以内としている	Y	N
④	1日分の年休に対応する時間数を定めている	Y	N
⑤	1時間以外の単位とする場合は、その時間数を定めている	Y	N

取得義務			
①	年10日以上付与されたすべての社員について、年5日以上取得させている	Y	N
②	取得義務の対象者には、管理監督者やパートタイム労働者、アルバイトも含んでいる	Y	N
③	年5日のカウントに、時間単位年休を含めていない	Y	N

年休中の賃金			
①	年休取得期間に対して支払う賃金を規定している	Y	N
②	賃金を健康保険の標準報酬日額相当額とした場合、各事業場において労使協定を締結し周知している	Y	N

買い上げ			
①	退職時の買い上げは個別対応としている	Y	N
②	本人申請の年休をすべて消化させなかったにもかかわらず、退職時の買い上げ請求を却下していない	Y	N
③	退職者が有するすべての年休の消化（買い上げ）を認めている	Y	N
④	在職時、会社が率先して年休を買い上げることはしていない	Y	N
⑤	在職時に買い上げを行う場合は、時効となった部分の年休や法定を上回る付与日数に関してのみとしている	Y	N

年次有給休暇管理簿			
①	法定項目（時季、日数および基準日）を満たした年次有給休暇管理簿を作成している	Y	N
②	年次有給休暇管理簿を3年間保存している	Y	N

第4章　労務コンプライアンス上の課題

代表的な労務コンプライアンス上の課題と対応方針

［1］パートタイム労働者やアルバイトへの付与

　労基法は、労働者を保護する法律です。正社員とパートタイム労働者で働き方の差はあったとしても、どちらも労働者であることに変わりはありません。したがって、非正社員から年休の申請があった場合にも、年休を与える必要があります。請求があった場合に全く与えないというのは、コンプライアンス上、大いに問題があります。

　ただし、実態に応じた権利を認めていくという考えから、正社員と同じ日数を与えることまで求められていません。これを「比例付与」と呼び、次のように勤務日数や時間に応じた年休を与えるようになっています。

比例付与（労基法39条3項）

①週の所定労働日数が4日以下であること

②週以外の期間によって所定労働日数が定められているときは、年間所定労働日数が216日以下であること

③1週間の所定労働時間が30時間未満であること

　この要件を満たした場合、［図表4-5］の日数分の年休を与える必要があります。

［2］パートタイム労働者等を正社員に切り替えた場合

　個々の事情に応じて、パートタイム労働者等の非正規の社員から働き始める人もいます。年休は、その社員の勤続年数に応じて与えるべき日数が変わってきますので、パートタイム労働者等から正社員に切り替わった場合の取り扱いが問題となります。労基法は形式（役職名や採用形態）ではなく実態（実際の仕事内容など）を重視する法律ですから、この場合も実質的に同じ労働関係が続いていると認められる場合には、勤続年数を通算して考えます（昭63.3.14　基発150）。

　例えば、正社員であった者が定年退職後に再雇用されたものの、年休付

175

図表 4-5　パートタイム労働者の年次有給休暇の付与日数

週の所定労働日数	1年間の所定労働日数	継続勤務年数						
		6カ月	1年6カ月	2年6カ月	3年6カ月	4年6カ月	5年6カ月	6年6カ月以上
5日以上	217日以上	10日	11日	12日	14日	16日	18日	20日
4日	169〜216日	7日	8日	9日	10日	12日	13日	15日
3日	121〜168日	5日	6日	6日	8日	9日	10日	11日
2日	73〜120日	3日	4日	4日	5日	6日	6日	7日
1日	48〜 72日	1日	2日	2日	2日	3日	3日	3日

与に当たり勤続年数の通算を忘れていた場合は、速やかに勤続年数を通算して年休日数を再計算し、2年の時効にかかっていない分の日数を与えるという対応をとるべきです。また、時効にかかわらず再計算した分の日数をすべて権利として与えるという対応も考えられます。これは、労基法が求めている最低ラインを任意で上回ることになり、望ましい対応といえます。

[3] 時季変更権

　会社は、社員から請求された時季に年休を与えることが事業の正常な運営を妨げる場合には、年次有給休暇をほかの時季に与えることができます。この権利を「時季変更権」といいます。

　「事業の正常な運営を妨げる」とは、①指定日における当該労働者の業務が組織の運営上不可欠であること、②代替要員の確保が困難であることが必要です。

　判例では、時季変更権の行使が認められるのは、①代替要員の確保が困難となるような通常とは異なる業務の繁忙の場合、②特別な業務があり、通常の配置では代替要員の確保が困難な場合、③非代替的業務の場合、④多数の労働者から年次有給休暇の時季指定がある場合の一部の労働者への

時季変更権の行使、⑤長期間に及ぶ時季指定の場合とされています。

[4] 年休取得義務

　年10日以上の年休が付与される社員に対し、うち5日については、会社が社員に取得時季の希望を聴取し、時季を指定して取得させなければなりません。ただし、社員が時季を指定した日数や計画的付与により取得した日数については、この5日から控除することが可能です。年10日以上の年休が付与される社員には必ず5日間は取得させる必要があるので、年次有給休暇管理簿による取得状況の管理と併せて年休取得予定表を作成するなど、会社の状況に合わせた取得促進施策の実施が求められます。

[5] 年休の買い上げ

　あらかじめ年休の買い上げ予約を行うことで社員の年休取得を抑制したり、請求された日数を与えなかったりすることは、労基法違反になります（昭30.11.30　基収4718）。ここでいう年休とは、労基法39条に規定されている社員の権利として認められる最低限の日数を意味しています。したがって、労基法が求める以上の日数の年休を与えている場合は、この解釈は当てはまらないことになります。

　この点について通達は、労基法に「定められた有給休暇日数を超える日数を労使間で協約している時は、その超過日数分については、労働基準法第39条によらず労使間で定めるところによって取扱って差支えない」（昭23.3.31　基発513、昭23.10.15　基収3650）としています。つまり、法律が求める最低ラインを上回る分については、買い上げが可能であり、例えば、①労基法が求める最低日数を上回る部分、②退職・解雇によって消滅する部分、③2年の消滅時効にかかった部分、が該当します。

　このうち労務リスクの観点から見ると、自社での調査においては、時効前の年休を買い上げる③の制度の有無を確認すれば問題ないといえます。

2 育児・介護休業

　少子高齢化に伴う生産年齢（15 ～ 64 歳）人口の減少、育児や介護との両立など、それぞれの労働者がその希望と状況に応じて持てる能力を十分に発揮できるよう、働く人のニーズの多様化等を効果的に支えることが要請されています。また、急速な少子化が進展する中、社会全体で子育てを支援し、男女ともに働きながら育児を担うことができる環境の整備に向けて、特に男性の育児休業の取得促進や育児期を通じた柔軟な働き方の推進も求められています。

チェックリスト

育児			
①	育児・介護休業規程に、育児休業および出生時育児休業（産後パパ育休）について規定している	Y	N
	・（育児休業）子が 1 歳（一定の要件に該当する場合は 1 歳 6 カ月、2 歳）に達するまで、育児休業を取得することができる	Y	N
	・（パパママ育休プラス）両親がともに育児休業する場合は子が 1 歳 2 カ月に達するまで、育児休業を延長することができる	Y	N
	・（産後パパ育休）子の出生後 8 週間以内に通算 4 週間まで、子を養育するための休業を取得することができる	Y	N
②	小学校就学の始期に達するまでの子を養育する社員から請求があれば、子が 1 人の場合は 1 年間につき 5 日、2 人以上の場合は 1 年間につき 10 日を限度として、子の看護休暇を与えている	Y	N
③	子の看護休暇は時間単位で取得することができる	Y	N
④	3 歳に満たない子を養育する社員から請求があれば、所定外労働をさせることはない	Y	N
⑤	小学校就学の始期に達するまでの子を養育する社員から請求があれば、1 カ月 24 時間、1 年 150 時間を超えて時間外労働をさせることはない	Y	N
⑥	小学校就学の始期に達するまでの子を養育する社員から請求があれば、深夜労働（午後 10 時～午前 5 時）をさせることはない	Y	N
⑦	3 歳に満たない子を養育する社員から請求があれば、所定労働時間の短縮措置を講じている	Y	N
⑧	育児休業等の対象外とする者を定める場合、各事業場において労使協定を締結し周知している	Y	N

第 4 章　労務コンプライアンス上の課題

⑨	産後パパ育休中の就業を認める場合、各事業場において労使協定を締結し周知している	Y	N
⑩	社員または配偶者の妊娠・出産等の申し出があった場合、育児休業制度等について個別に周知し、取得意向を確認している	Y	N
⑪	育児休業・産後パパ育休の申し出が円滑に行われるための雇用環境整備として、研修や相談窓口の設置などの措置を講じている	Y	N
⑫	（労働者数 1000 人超の場合）少なくとも年 1 回、男性の育児休業等の取得状況を公表している	Y	N
介護			
①	育児・介護休業規程に、介護休業制度を規定している	Y	N
②	家族を介護する社員から請求があれば、対象家族が 1 人の場合は 1 年間につき 5 日、2 人以上の場合は 1 年間につき 10 日を限度として、介護休暇を与えている	Y	N
③	介護休暇は時間単位で取得することができる	Y	N
④	家族を介護する社員から請求があれば、所定外労働をさせることはない	Y	N
⑤	家族を介護する社員から請求があれば、1 カ月 24 時間、1 年 150 時間を超えて時間外労働をさせることはない	Y	N
⑥	家族を介護する社員から請求があれば、深夜労働（午後 10 時～午前 5 時）をさせることはない	Y	N
⑦	家族を介護する社員から請求があれば、所定労働時間の短縮措置を講じている	Y	N
⑧	介護休業等の対象外とする者を定める場合、各事業場において労使協定を締結し周知している	Y	N
共通			
①	各種制度の取得等の申し出があった場合、原則、書面を交付している	Y	N
②	各種制度は男女ともに利用できる	Y	N
③	各種制度を利用した社員に対して不利益な取り扱いをしていない	Y	N
④	各種制度の申し出や利用によるハラスメントの防止措置を講じている	Y	N

代表的な労務コンプライアンス上の課題と対応方針

［1］休業の取得拒否

　育児休業、出生時育児休業（以下、産後パパ育休）および介護休業は、男女とも誰でも取得できますが、労使協定を結ぶことで、入社 1 年未満の社員等には与えないこととする運用が認められています。しかし、労使協

179

定を結ばずに休業の取得を拒否しているケースを目にすることがあります。

　人的資本経営が求められる今日にあっては、会社のイメージダウンのほか、採用活動などに悪影響を及ぼすおそれがあるので注意が必要です。

[2] 法改正への対応

　育児・介護休業法は頻繁に改正があり、結果として会社側の対応が追い付いていないケースも多いことから、自社の規程が最新の基準に適合しているかを随時確認すべきです。中でも、2022年4月・10月、2023年4月施行分で特に注意が必要な点は、次のとおりです。

(1) 個別の制度周知・休業取得意向確認

　本人または配偶者の妊娠・出産等の申し出をした労働者に対して、次のすべての事項を面談（オンライン可）または書面交付による方法で周知した上で、休業取得の意向を確認する必要があります。

---

①育児休業・産後パパ育休に関する制度の内容

②育児休業・産後パパ育休の申出先

③育児休業給付に関すること

④労働者が育児休業・産後パパ育休期間に負担すべき社会保険料の取り扱い

---

(2) 雇用環境整備の措置

　育児休業・産後パパ育休の申出が円滑に行われるようにするため、会社は次のいずれかの措置を講じなければなりません。

---

①育児休業・産後パパ育休に係る研修の実施

②育児休業・産後パパ育休に関する相談体制の整備（相談窓口設置）

③自社の労働者の育児休業・産後パパ育休取得事例の収集・提供

④自社の労働者へ育児休業・産後パパ育休制度と育児休業取得促進に関する方針の周知

第4章　労務コンプライアンス上の課題

（3）産後パパ育休

産後休業をしていない社員（男性）は、原則として出生後8週間以内に最長4週間まで子を養育するために休業することができます。

（4）男性の育児休業等の取得状況の公表

2023年4月より、社員数が1000人を超える会社は、毎年1回、男性の育児休業等の取得状況を公表することが義務づけられました。なお、育児休業取得率に育児目的休暇を含めることも可能です。

［3］2024年改正の概要

2024年5月に改正育児・介護休業法が公布されました。仕事と育児・介護を両立しやすくするため、措置の拡充や支援措置の義務づけなどが盛り込まれ、大幅な改正となっています。

①3歳以上の小学校就学前の子を養育する社員に関し、柔軟な働き方を実現するための措置を講じ、社員が選択して利用できるように義務づける。また、会社が選択した措置について、社員に対し個別の周知・意向確認を義務づける

②所定外労働の制限（残業免除）の対象となる社員の範囲を、小学校就学前の子（現行は3歳になるまでの子）を養育する社員に拡大する

③3歳になるまでの子を養育する社員がテレワークを選択できるようにすることを、会社の努力義務とする

④子の看護休暇を子の行事参加等の場合も取得可能とし、対象となる子の範囲を小学校3年生修了（現行は小学校就学前）まで延長するとともに、勤続6カ月未満の社員を労使協定で除外する仕組みを廃止する

⑤妊娠・出産の申出時や子が3歳になる前に、社員の仕事と育児の両立に関する個別の意向の聴取・配慮を会社に義務づける

⑥従業員数300人超（現行1000人超）の会社に育児休業等の取得状況を公表することを義務づける

⑦介護に直面した旨を申し出た社員に対する個別の周知・意向確認の措置

181

を義務づける

⑧介護に直面する前の段階での両立支援制度等に関する情報提供を義務づける

⑨仕事と介護の両立支援制度を利用しやすい雇用環境の整備を義務づける

⑩要介護状態の対象家族を介護する社員がテレワークを選択できようにすることを、会社の努力義務とする

⑪介護休暇について、引き続き雇用された期間が6カ月未満の社員を労使協定で除外する仕組みを廃止する

　施行日は2025年4月1日で、①⑤は2025年10月1日となっています。

第 4 章　労務コンプライアンス上の課題

3 | その他の法定休暇・休業

　その他の法定休暇・休業については、生理休暇に関する事項、産前産後休業に関する事項、妊娠中または産後 1 年を経過しない女性（以下、妊産婦）の取り扱いに関する事項、育児時間に関する事項、母性健康管理に関する事項のルールおよび運用の確認が必要です。

チェックリスト

①	本人の申請に応じて生理休暇を付与している	Y	N
②	生理休暇の取得日数に制限を設けていない	Y	N
③	産前 6 週間に関しては、本人の請求により休業としている	Y	N
④	多胎妊娠の場合は産前休業を 14 週間として運用している	Y	N
⑤	産後 8 週間は、原則休業としている	Y	N
⑥	産後 6 週間経過した者が請求した場合は、医師の証明を条件に勤務可能とする規定を設けている	Y	N
⑦	妊娠中の女性の請求に応じて、他の軽易な業務に転換させている	Y	N
⑧	妊産婦から請求があれば、時間外・休日・深夜労働を行わせていない	Y	N
⑨	1 歳未満の子を育てる女性の請求に応じて、法定の休憩時間のほか、1 日 2 回おのおの少なくとも 30 分、育児のための時間を与えている	Y	N
⑩	妊産婦が保健指導または健康診査を受診するために必要な時間を確保している	Y	N

代表的な労務コンプライアンス上の課題と対応方針

[1] 生理休暇

　生理日の就業が著しく困難な女性が休暇を請求したときは、就業させることができません（労基法 68 条）。生理休暇の日数については、特に定めがないため、月に 1 日に限るなどの限度を設けることはできませんので、注意が必要です。

　なお、生理休暇の賃金の取り扱い（有給・無給）については、会社ごとに定めることができますので、就業規則の記載内容を確認しましょう。

[2] 産前産後休業

　産前（6週間〔多胎妊娠の場合にあっては14週間〕）は、本人から請求があった場合は就業させることができません。産後（8週間）は、本人からの請求の有無にかかわらず、原則、就業させることができませんが、産後6週間を経過した女性が請求した場合は、医師が支障ないと認めた業務に就かせることができます（労基法65条）。

　産前産後休業については、適切な期間を定めているかの確認が必要です。

　また、賃金の取り扱いは、生理休暇と同様に任意ですので、就業規則の記載内容を確認しましょう。

　なお、産前産後休業については無給の取り扱いが一般的であり、この場合には健康保険からの給付（出産手当金）があります。

[3] 母性健康管理

　母体や胎児の健康のため、妊産婦に対して、次のような母性健康管理の措置を講ずることを定めています。

> ・妊産婦のための保健指導または健康診査を受診するために必要な時間を確保する
> ・妊産婦が、健康診査等を受け、医師等から指導を受けた場合、その指導を守ることができるようにするために、勤務時間の変更や勤務の軽減等の措置を講ずる（通勤緩和、休憩、勤務時間の短縮等）

　妊産婦の取り扱いについては、ルールが就業規則等で明確になっているかの確認が必要です。また、ほかの休暇等と同様に、賃金の取り扱いに関する規定についても確認しておきましょう。

第 4 章　労務コンプライアンス上の課題

4 | 特別休暇

　特別休暇は法律に基づくものではないため、自由に定めることができますが、ルールが明確になっていないとトラブルの原因になりますので、就業規則に規定しておくことが重要です。

チェックリスト

①	次の事由に該当した場合は、特別休暇を付与するルールがある	Y	N
	・本人の結婚のとき	Y	N
	・子、兄弟姉妹の結婚のとき	Y	N
	・父母、配偶者、子の葬祭のとき	Y	N
	・祖父母、兄弟姉妹、配偶者の父母の葬祭のとき	Y	N
	・子の配偶者、同居の孫の葬祭のとき	Y	N
	・配偶者の出産のとき	Y	N
	・罹災（風水震、火災その他非常災害時）のとき	Y	N
②	次に掲げる休暇を付与するルールがある	Y	N
	・リフレッシュ休暇	Y	N
	・資格取得休暇	Y	N
	・ボランティア休暇	Y	N
	・ドナー休暇	Y	N
	・ファミリーサポート休暇	Y	N
	・メモリアル休暇	Y	N
	・誕生日休暇	Y	N
③	特別休暇に関して、就業規則に規定している	Y	N
④	特別休暇に対する賃金の取り扱い（有給・無給）が明確になっている	Y	N
⑤	特別休暇の取得手続きが明確になっている	Y	N

代表的な労務コンプライアンス上の課題と対応方針

[1] 特別休暇

　年次有給休暇や産前産後休業等の法律に基づく休暇・休業に加えて、特

別な休暇を定めるケースがあります。一般的には特別休暇と呼ばれます。

　特別休暇は、結婚したときや死亡したときなどの慶弔に関する事由に対して付与される休暇を指すことが多いですが、就業規則にその定義を明記しておく必要があります。

　特に、休暇の賃金の取り扱い（有給・無給）は、あいまいにしておくとトラブルの原因となりますので、明確になっているか確認しましょう。また、同一労働同一賃金の観点から、正社員と非正社員で取得できる特別休暇に違い（日数や有給・無給等）がある場合は合理的な理由が必要です。

［2］ 特別休暇の事由

　特別休暇は任意の休暇となりますので、休暇の事由は会社ごとにさまざまですが、一般的には次のような例が見られます。

・本人や親族（子、兄弟姉妹）が結婚したとき

・親族（祖父母、父母、配偶者、子、兄弟姉妹）の葬祭のとき

・配偶者の出産のとき

・罹災（風水震、火災その他非常災害時）のとき

・一定の勤続年数に達したとき（リフレッシュ休暇等）

・資格を取得するために休むとき（資格取得休暇等）

・ボランティアを行うために休むとき（ボランティア休暇等）

・ドナーになるために休むとき（ドナー休暇等）

・子の学校行事などに参加するために休むとき（ファミリーサポート休暇等）

・本人の誕生日や結婚記念日に当たるとき（メモリアル休暇等）

・誕生日に当たるとき（誕生日休暇等）

　トラブル防止の観点からは、「どのようなときに付与される休暇なのか」に加えて「いつまで休暇を取得する権利があるのか」という点も就業規則に明記しているか確認しておきましょう。

第4章 労務コンプライアンス上の課題

第6 就業規則・労使協定・法定帳簿

1 就業規則

　常時 10 人以上の労働者を使用する使用者は、次に掲げる事項について就業規則を作成し、所轄労働基準監督署に届け出なければなりません。また、変更した場合も同様に届け出が必要です（労基法 89 条）。

チェックリスト

		就業規則を作成し、次の事項について規定している		
絶対的必要記載事項	①	始業および終業の時刻	Y	N
	②	休憩時間	Y	N
	③	休日	Y	N
	④	休暇	Y	N
	⑤	就業時転換（社員を2組以上に分けて交替に就業させる場合）	Y	N
	⑥	賃金（臨時の賃金等を除く）の決定	Y	N
	⑦	賃金の計算方法	Y	N
	⑧	賃金の支払い方法	Y	N
	⑨	賃金の締め切りおよび支払いの時期	Y	N
	⑩	昇給	Y	N
	⑪	退職（解雇の事由を含む）	Y	N
		次の事項について定めがある場合、就業規則に規定している		
相対的必要記載事項	①	退職手当の適用される労働者の範囲	Y	N
	②	退職手当の決定	Y	N
	③	退職手当の計算および支払い方法	Y	N
	④	退職手当の支払いの時期	Y	N
	⑤	臨時の賃金等（退職手当を除く）および最低賃金額に関する事項	Y	N
	⑥	食費、作業用品その他労働者に負担させる場合においてこれに関する事項	Y	N
	⑦	安全および衛生に関する事項	Y	N
	⑧	職業訓練に関する事項	Y	N
	⑨	災害補償および業務外の傷病扶助に関する事項	Y	N
	⑩	表彰および制裁の種類ならびに程度に関する事項	Y	N

| ⑪ | 上記のほか事業場の労働者のすべてに適用される事項 | Y | N |

代表的な労務コンプライアンス上の課題と対応方針

[1] 就業規則の意義

　就業規則とは、社員の就業に関する規律と労働条件に関する具体的細目について定めた規則類の総称をいいます。就業規則によって、職場の規律を規則として明確にし、労働条件を公平・統一的に定めておくことが広く行われています。

　また、会社が合理的な労働条件を定めた就業規則を社員に周知させていた場合には、雇用契約の内容は、その就業規則で定める労働条件によるとされています（労契法7条）。

[2] 就業規則の内容

　就業規則には、必ず記載しなければならない「絶対的必要記載事項」と、その定めをする場合には必ず記載しなければならない「相対的必要記載事項」があります。その他の事項は「任意的記載事項」であり、就業規則への記載は義務づけられていません。労務コンプライアンス上、これらの基準にのっとってすべての項目が網羅されていることが重要となります。

[3] 就業規則の効力（法令・労働協約・雇用契約との関係）

　就業規則と、法令、労働協約、雇用契約との関係は、次のとおりです。

$$\boxed{\text{法　令}} > \boxed{\text{労働協約}} > \boxed{\text{就業規則}} > \boxed{\text{雇用契約}}$$

　労基法等は強行法規であることから効力の優先度はいちばん高く、労働協約は会社と労働組合との合意により成立するものであるのに対し、就業規則は会社が一方的に作成できるものであるため、労働協約のほうが効力の優先度は高くなります。したがって、労務コンプライアンス上、労働協

約がある場合は、就業規則に加えて労働協約の確認も必要です。

また、就業規則で定める基準に達しない労働条件を定める雇用契約は、その部分については無効となり、無効となった部分は就業規則で定める基準によるとされています（労基法 93 条、労契法 12 条）。

チェックリスト

①	主な規定	就業規則において別規程として定めているものを、それぞれ整備している	Y	N
		（該当者がいる場合）非正社員に適用するそれぞれの就業規則がある	Y	N
		（該当者がいる場合）国内・海外出張旅費規程がある	Y	N
		（該当者がいる場合）海外駐在員規程がある	Y	N
		給与規程がある	Y	N
		（制度がある場合）退職金規程がある	Y	N
		（制度がある場合）慶弔見舞金規程がある	Y	N
		（制度がある場合）社宅管理規程がある	Y	N
		（制度がある場合）社内貸付金規程がある	Y	N
		育児・介護休業規程がある	Y	N
		ハラスメント防止規程がある	Y	N
②		事業場ごとに、過半数労働組合または過半数代表者の意見聴取をしている	Y	N
③		事業場ごとに、いつでもすべての社員が閲覧できる環境を整備している	Y	N
④		事業場ごとに、別規程も含めて所轄労働基準監督署に届け出ている	Y	N
⑤		事業場ごとに、過半数労働組合または過半数代表者の意見書を届け出ている	Y	N
⑥		変更の都度、事業場ごとに所轄労働基準監督署に変更届を届け出ている	Y	N
⑦		新たに別規程を定めた場合、事業場ごとに所轄労働基準監督署に変更届を届け出ている	Y	N
⑧		会社名を変更した場合、事業場ごとに所轄労働基準監督署に変更届を届け出ている	Y	N
⑨		管轄外へ事業場を移転した場合、事業場ごとに新たな所轄労働基準監督署に新規のものとして届け出ている	Y	N

［4］就業規則の四つの義務

（1）作成義務

常時 10 人以上の労働者を使用する事業場ごとに就業規則を作成する義

務があります。常時 10 人以上の労働者には、契約社員、パートタイム労働者、アルバイト等であっても常態として使用されていれば「労働者」に含まれます。

　出向社員は、出向元と出向先とで二重の雇用関係を持つことから、出向元、出向先いずれにおいても労働者に含まれます。また、派遣社員は、派遣先と雇用関係にないことから、もっぱら派遣元の労働者であり、派遣元の就業規則が適用されます。

　なお、就業規則の規定と実際の運用とが乖離していることが多く見受けられますので、実態の反映や内容の明確化等、労務リスクの低減のほか、労務コンプライアンス上、適切に作成されているかの確認もする必要があります。

（2）意見聴取義務

　社員の過半数代表者からの意見聴取義務についても、事業場単位で行います。意見聴取では過半数代表者との協議決定まで要求されるものではありませんが、就業規則を変更した場合も意見聴取は必要です。

（3）周知義務

　周知についても事業場単位で行う必要があり、次のいずれかの方法により行わなければならないとされています（平 11.1.29　基発 45、令 5.10.12　基発 1012 第 2）。

---

①常時各作業場の見やすい場所へ掲示し、または備えつけること
②書面を労働者に交付すること
③磁気テープ、磁気ディスクその他これらに準ずる物に記録し、かつ、各作業場に労働者が当該記録の内容を常時確認できる機器を設置すること

　すべての社員が閲覧できる環境を整備し、閲覧方法について周知徹底しているかを確認しましょう。

第4章　労務コンプライアンス上の課題

（4）届け出義務

　事業場ごとに所轄労働基準監督署への届け出が必要です。なお、その事業場のすべての社員に適用される事項のほか、一定の範囲の社員にのみ適用される事項であっても、社員のすべてがその適用を受ける可能性があるものは届け出をしているかを確認します。

　また、本社の就業規則と本社以外の事業場の就業規則が同じ内容である場合に限り、一括届出の制度を利用することができます。ただし、この場合も事業場ごとの意見聴取（意見書の添付）を省略することはできません。

2 労使協定

労使協定とは、労基法等によって、会社がその事業場の労働者の過半数で組織する労働組合または労働組合がない場合にはその事業場の労働者の過半数を代表する者（以下、両方を合わせて過半数代表者）との書面により締結した協定であり、一定の事項については、事業場ごとに労使協議によって強行的な規制を解除する免罰的効果を生ずるものをいいます。労使協定は、適正に締結することが重要です。

チェックリスト

	労基法			〈届け出〉		
①	社員の貯蓄金の委託管理を行う場合、労使協定を締結している	Y	N	要	Y	N
②	賃金を一部控除して支払う場合、労使協定を締結している	Y	N	不要		
③	法定労働時間を超え、または法定休日に労働を行わせる場合、労使協定を締結している	Y	N	要	Y	N
④	1カ月単位の変形労働時間制を導入する場合、労使協定の締結（または就業規則への記載）をしている	Y	N	要	Y	N
⑤	清算期間が1カ月であるフレックスタイム制を導入する場合、労使協定を締結している	Y	N	不要		
	清算期間が1カ月を超えるフレックスタイム制を導入する場合、労使協定を締結している	Y	N	要	Y	N
⑥	1年単位の変形労働時間制を導入する場合、労使協定を締結している。また、特定期間を労使協定に明記している	Y	N	要	Y	N
⑦	1週間単位の非定形的変形労働時間制を導入する場合、労使協定を締結している	Y	N	要	Y	N
⑧	一斉付与対象業種の場合で、別々に休憩を与える場合、労使協定を締結している（特定の業種は協定不要）	Y	N	不要		
⑨	事業場外のみなし労働時間が法定労働時間を超えている場合、労使協定を締結している	Y	N	要	Y	N
⑩	一定の専門職について裁量労働制の導入をする場合、労使協定を締結している	Y	N	要	Y	N
⑪	年休を計画的に付与する場合、労使協定を締結している	Y	N	不要		

第 4 章　労務コンプライアンス上の課題

⑫	年休取得日の賃金を健康保険の標準報酬日額相当額とする場合、労使協定を締結している	Y	N	不要
⑬	年休を時間単位で付与する場合、労使協定を締結している	Y	N	不要
⑭	年 60 時間を超える法定時間外労働を行った者に対し、代替休暇を付与する場合、労使協定を締結している	Y	N	不要
その他の法律				〈届け出〉
①	育児休業等の対象外とする者を定める場合、各事業場において労使協定を締結し周知している	Y	N	不要
②	産後パパ育休中の就業を認める場合、労使協定を締結している	Y	N	不要
③	雇用している派遣労働者の処遇について、同一労働同一賃金への対応として、労使協定方式を選択している場合、労使協定を締結している	Y	N	不要

代表的な労務コンプライアンス上の課題と対応方針

［1］労使協定

　労使協定には、会社と労働者との間で合意がなされたことを明らかにする「労使協定書」と、労働基準監督署に届け出る「労使協定届」の 2 種類があります。

　会社と労働者との間で締結する労使協定書には署名が必要ですが、労働基準監督署に届け出る労使協定届は署名を省略できます。

［2］事業場単位

　労基法は、その適用単位が事業場ごとであることから、複数の事業場がある場合は事業場ごとにその事業場に即した協定を締結しなければなりません。

　労務コンプライアンス調査では、本社のみで締結・届け出を行い、その他の事業場では届け出を行っていないケースが見受けられますので確認が必要です。

193

[3] 周知

周知についても事業場単位で行う必要があり、その方法については「1 就業規則」の項〈➡ 187 ページ〉と同様です。

[4] 過半数代表者

（1）社員の範囲

その事業場において労働する労基法上の労働者をいい、正社員だけでなく非正社員や管理監督者等も含まれます。

（2）社員の過半数を組織する労働組合

その事業場のすべての労働者の過半数で組織した労働組合をいい、過半数の社員が加入していれば、事業場ごとである必要はなく、会社全体（複数事業場）を単位とする労働組合が、協定の当事者となることが認められています。

（3）社員の過半数を代表する者

過半数代表者の選出方法は、次のとおり基準が設定されています（労基則6条の2）。

①労基法41条2号に規定する監督または管理の地位にある者でないこと
②選出目的を明らかにした上で実施される投票・挙手等の方法による手続きにより選出された者であって、使用者の意向に基づき選出されたものでないこと

なお、会社が指名した社員を過半数代表者としているなど、上記の基準を満たさず選任されている場合、その過半数代表者との間で締結した労使協定は法的効力を持たなくなる可能性があるので注意が必要です。

第 4 章　労務コンプライアンス上の課題

3 | **労働者名簿**

　会社は事業場ごとに、各労働者について労働者名簿を調製し、労働者の氏名、生年月日、履歴等の一定事項について記入しなければならないとされています（労基法 107 条）。

チェックリスト

労働者名簿に記載すべき事項	①	労働者の氏名	Y	N
	②	生年月日	Y	N
	③	性別	Y	N
	④	住所	Y	N
	⑤	履歴	Y	N
	⑥	従事する業務の種類（常時使用する労働者が 30 人以上の場合）	Y	N
	⑦	雇入れの年月日	Y	N
	⑧	退職の年月日およびその事由（退職が解雇の場合にはその理由を含む）	Y	N
	⑨	死亡の年月日およびその原因	Y	N
	⑩	死亡、退職日または解雇の日から 5 年（当分の間は経過措置により 3 年）以上保存している	Y	N

代表的な労務コンプライアンス上の課題と対応方針

　労働者名簿［図表 4-6］は、事業の種類を問わず、事業場ごとに、日々雇い入れられる労働者以外のすべての労働者について作成し、必要事項を記載するとともに、記入事項に変更があったときは、遅滞なくこれを訂正しなければなりません。

　労働者名簿は、労基則に所定の様式が定められていますが、法定必要事項を具備する限り異なる様式によっても差し支えありません。なお、労働者名簿を賃金台帳と合わせて調製することも認められています。

　保存期間は、退職、死亡または解雇の日から 5 年（当分の間は経過措置により 3 年）です。しっかりとした保管体制を整えましょう。

195

図表4-6　労働者名簿

履歴	退職又は死亡（退職の事由が解雇の場合は、その理由を含む。）	男	性別 氏名	労働者名簿 様式第十九号（第五十三条関係）
平成○年○月○日　○○学校卒業 平成○年○月○日　㈱○○○東京支店入社 令和○年○月○日　自己都合により退職	自己都合退職 （年月日　平成○年○月○日）	生年月日　昭和○年○月○日	東京　太郎	
		従事する業務の種類　営業事務		
		雇入れ年月日　平成○年○月○日 住所　東京都中央区○○○×－×－××		

　必要記載項目が漏れていると是正勧告を受けやすいので、正しく記載されているか確認が必要です。

第4章　労務コンプライアンス上の課題

4 | 賃金台帳

　会社は事業場ごとに賃金台帳を調製し、賃金の基礎となる事項および賃金の額等の一定事項を記入しなければなりません（労基法108条）。

チェックリスト				
賃金台帳に記載すべき事項	①	労働者の氏名	Y	N
	②	性別	Y	N
	③	賃金計算期間	Y	N
	④	労働日数	Y	N
	⑤	労働時間数	Y	N
	⑥	時間外・休日・深夜労働時間数	Y	N
	⑦	基本給、手当その他賃金の種類ごとにその額（通貨以外のもので支払われる賃金がある場合には、その評価総額）	Y	N
	⑧	賃金の一部を控除した場合には、その額	Y	N
⑨		最後に記入した日から5年（当分の間は経過措置により3年）以上保存している	Y	N

代表的な労務コンプライアンス上の課題と対応方針

　賃金台帳［図表4-7］は、事業の種類・規模を問わず、事業場ごとに作成し、使用しているすべての労働者について、労働者ごとに記載しなければなりません。

　「3　労働者名簿」の項〈➡ 195ページ〉では、日々雇い入れられる労働者については作成する必要はありませんでしたが、賃金台帳は日々雇い入れられる労働者（1カ月を超えて引き続き使用される者を除きます）についても作成しなければなりません。ただし、記載すべき事項のうち、賃金計算期間は記入を要しないとされています。

　また、労基法41条各号のいずれかに該当する労働者（管理・監督の地位にある者、監視または断続的労働に従事する者等）については、「労働時間数および時間外・休日労働時間数」の記載を要しないとされています。

197

図表 4-7 賃金台帳

様式第20号（第55条）

氏名	東京太郎	性別	男	所属	営業部	職名	事務

		9/1～9/30	10/1～10/31				
	賃金計算期間	9/1～9/30 分	10/1～10/31 分	分	分	分	分
	労 働 日 数	20 日	20 日	日	日	日	日
	労 働 時 間 数	172 時間	180 時間	時間	時間	時間	時間
	休日労働時間数	0 時間	0 時間	時間	時間	時間	時間
	早出残業時間数	12 時間	20 時間	時間	時間	時間	時間
	深夜労働時間数	0 時間	0 時間	時間	時間	時間	時間
	基 本 賃 金	240,000 円	240,000 円	円	円	円	円
	所定時間外割増賃金	22,500	37,500				
手当	家族手当	11,000	11,000				
	住宅手当	10,000	10,000				
	通勤手当	8,400	8,400				
	手当						
	小 計	291,900	306,900				
	非課税分賃金額	0	0				
	臨 時 の 給 与	0	0				
	賞 与	0	0				
	合 計	291,900	306,900				
常時使用される労働者に対するもの	健 康 保 険	12,300	12,300				
	厚生年金・保険	20,901	20,901				
	雇 用 保 険	2,104	2,104				
	計	35,305	35,305				
	差 引 残	256,595円	271,595円	円	円	円	円
	所 得 税	7,520	8,420				
	市 町 村 民 税	10,600	10,600				
	計	18,120	19,020				
	実 物 給 与	0	0				
	差 引 支 払 金	238,475円	252,575円	円	円	円	円
	領 収 印	印	印	印	印	印	印

第4章 労務コンプライアンス上の課題

　賃金台帳の記入様式は、常時使用される労働者と日々雇い入れられる労働者でそれぞれ労基則に定める所定の様式により調製しなければならないとされていますが、この様式は、記載することが必要な事項の最小限度を定めているものであるため、法定必要事項を具備する限り、異なる様式によっても差し支えありません。

　保存期間は、最後に記入した日から「5年（当分の間は経過措置により3年）」です。しっかりとした保管体制を整えましょう。

　他社の労務コンプライアンス調査では、必要記載項目が漏れているというケースが多く見受けられます。是正勧告を受けやすい項目ですので、正しく整備がされているかの確認が必要です。

第7 障害者・外国人・短時間労働者・労働者派遣等

1 | 障害者雇用

　会社は、常用雇用労働者の 2.5％（法定障害者雇用率）に相当する障害者を雇用することが義務づけられています。したがって、常用雇用労働者数が 40 人以上の会社では、原則として、少なくとも 1 人以上の障害者を雇用しなければならないことになります。なお、2026 年 7 月から法定障害者雇用率が 2.7％に引き上げられることに伴い、常用雇用労働者数が 37.5 人以上である会社に雇用義務が発生します。

チェックリスト

①	常用雇用労働者数が 40 人以上の場合、2.5%以上の障害者を雇用している（1人未満切り捨て）	Y	N
②	常用雇用労働者には、1 週間の所定労働時間が 20 時間以上であるパートタイム労働者も含めている	Y	N
③	常用雇用労働者には、1 週間の所定労働時間が 20 時間以上 30 時間未満であるパートタイム労働者を 1 人 0.5 とカウントして含めている	Y	N
④	障害者雇用義務のある会社の場合、毎年 6 月 1 日現在において障害者雇用状況報告書をハローワークに提出している	Y	N
⑤	常用雇用労働者数が 101 人以上の会社が、法定障害者雇用率を達成している場合、障害者雇用調整金の支給申請を行っている（毎年 4 月 1 日〜 5 月 15 日）	Y	N
⑥	常用雇用労働者数が 101 人以上の会社が、法定障害者雇用率を達成していない場合、障害者雇用納付金の申告・納付を行っている（毎年 4 月 1 日〜 5 月 15 日）	Y	N
⑦	ハローワークの障害者の雇入れに関する計画の作成命令に従っている	Y	N
⑧	これまでに企業名を公表されたことはない	Y	N
⑨	5 人以上の障害者を雇用している場合、障害者職業生活相談員を選任している	Y	N

代表的な労務コンプライアンス上の課題と対応方針

[1] 障害者雇用納付金制度

　障害者雇用納付金制度における実雇用率や法定雇用障害者数（障害者の

第4章　労務コンプライアンス上の課題

雇用義務数）の計算方法は、次のとおりです。

$$実雇用率 = \frac{障害者である常用雇用労働者の数 + 障害者である短時間労働者の数 \times 0.5}{常用雇用労働者の数 + 短時間労働者の数 \times 0.5}$$

$$法定雇用障害者数（障害者の雇用義務数） = （常用雇用労働者の数 + 短時間労働者の数 \times 0.5） \times 法定雇用率$$

　この制度における「常用雇用労働者」とは、1週間の所定労働時間が20時間以上である労働者をいい、1週間の所定労働時間が20時間以上30時間未満の短時間労働者は、1人を0.5としてカウントします。

　常用雇用労働者数が101人以上で法定障害者雇用率を下回っている会社は、障害者雇用納付金（未達人数1人につき月額5万円）を納付する必要があり、法定障害者雇用率を上回る会社は障害者雇用調整金（超過人数1人につき月額2万9000円）が受給できます。

　障害者雇用納付金の申告・納付期限は、4月1日〜5月15日です。申告・納付漏れのないように注意しましょう。

　なお、未達成企業には障害者の雇入れに関する計画の作成を命じられることがあり、計画の内容や実施が不適切な場合には指導や勧告が行われます。正当な理由なく勧告に従わない場合には、企業名が公表されますので、注意してください。

[2] 障害者職業生活相談員

　5人以上の障害者を雇用する場合は、障害者の職業生活全搬における相談・指導を行う障害者職業生活相談員を選任しなければなりません。

　障害者職業生活相談員は、認定講習を修了した者等、定められた要件を満たす者の中から選任するとともに、「障害者職業生活相談員選任報告書」をハローワークに提出する必要があります。

201

2 | 外国人労働者

外国人を採用する場合、就労させようとする業務の内容が在留資格の範囲内であるか、在留期間を過ぎていないかを確認する必要があります。就労が認められていない在留資格のまま就労したり、在留資格で認められた範囲を超えて就労したりする場合、その外国人労働者は不法就労となります。不法就労者を雇用した事業主は不法就労助長罪の対象になります。

また、外国人であっても日本国内で就労する限り、国籍を問わず、原則として労働関係法令が適用されます。

チェックリスト

募集・採用時

①	外国人であることのみを理由に、求人への応募を拒否していない	Y	N
②	採用手続きの際、在留カードの原本により、在留資格や在留期間等を確認している	Y	N
③	在留資格上、就労することが認められていない者を採用していない	Y	N
④	外国人であることや国籍を理由に、賃金、労働時間、その他の労働条件について差別的取り扱いをしていない	Y	N
⑤	母国語その他の当該外国人が使用する言語または平易な日本語を用いるなど、外国人労働者が理解できる方法により、労働条件を明示している	Y	N

在籍中

①	加入要件を満たす外国人労働者は社会保険に加入している	Y	N
②	加入要件を満たす外国人労働者は雇用保険に加入している	Y	N
③	雇用保険の被保険者となる場合には、雇用保険被保険者資格取得届の届け出と同時に外国人雇用状況を届け出ている	Y	N
④	雇用保険の被保険者とならない場合には、外国人雇用状況届出書を提出している	Y	N
⑤	外国人労働者の旅券や在留カードを保管していない	Y	N
⑥	在留カードの原本確認を定期的に行うなど、在留期限を超えていないかを確認している	Y	N
⑦	在留資格が「留学」「家族滞在」等の場合には、資格外活動許可を得た上で、就労可能時間の範囲内で就労させている	Y	N

⑧	労働保険の賃金総額には、外国人労働者に支払われる賃金も算入している	Y	N
⑨	短時間・有期雇用労働者または派遣労働者である外国人労働者から求めがあった場合、通常の労働者との待遇の相違の内容および理由等について、母国語その他の当該外国人が使用する言語または平易な日本語を用いるなど、外国人労働者が理解できる方法により説明している	Y	N
⑩	常時 10 人以上の外国人労働者を雇用している場合、雇用労務責任者を選任している	Y	N
⑪	安全衛生教育実施時は、母国語等や視聴覚教材を用いるなど、外国人労働者が理解できる方法により行っている	Y	N
⑫	在留資格の変更または在留期間の更新の際は、手続きに当たっての勤務時間の配慮その他必要な援助を行っている	Y	N
離職時			
①	雇用保険の被保険者であった場合には、雇用保険被保険者資格喪失届の届出と同時に外国人雇用状況を届け出ている	Y	N
②	雇用保険の被保険者とならない場合には、外国人雇用状況届出書を提出している	Y	N
③	公的年金の被保険者期間が一定期間以上の外国人労働者が帰国する場合、帰国後に脱退一時金の支給を請求できることを帰国前に説明し、年金事務所などの関係機関の窓口を案内している	Y	N
④	在留期間が満了し、在留資格の更新がなされない場合には、雇用関係を終了し、帰国のための諸手続きの相談などの必要な援助を行っている	Y	N

代表的な労務コンプライアンス上の課題と対応方針

［1］ 外国人を雇用するに当たって

　外国人は、在留資格の範囲内で、定められた在留期間に限り就労が認められています。したがって、不法入国や在留期間を超えた不法滞在等により正規の在留資格を持たない外国人が就労すること、また、正規の在留資格を持っている外国人であっても、許可を受けずに在留資格以外の職業に就くことや認められた活動範囲を超えて就労することは不法就労となります。

　就労が認められている在留資格かどうかをきちんと確認せずに不法就労外国人を雇用した場合には、不法就労助長罪に該当し、会社には罰則（3年以下の懲役もしくは 300 万円以下の罰金またはその併科）が適用され

ます。したがって、外国人の雇用に際しては、在留カードの原本により、在留資格、在留期間、在留期限を確認することが重要です。特に在留資格については、就労が認められている在留資格か否かを確認してください。ただし、公正採用選考の観点から、採用決定前の在留資格の確認は口頭で行うようにしましょう。

なお、在留資格が特定活動の場合には、旅券に添付された指定書により、就労の可否について確認します。また、留学生や家族滞在の在留資格を持つ外国人が資格外活動許可を得ている場合、就労可能時間を超えて就労することがないような労働時間の管理体制の構築が必要です。例えば、1週間の就労可能時間が28時間の場合、すべての事業所における就労時間を合算して、どの曜日から1週を起算した場合でも、常に28時間以内であることを要します。

不法就労助長罪は労務リスクがとても高いため、在留資格等の確認をしっかりと行える社内体制を構築することが重要です。

[2] 労働保険および社会保険の適用

労災保険は、外国人労働者にも適用されます。また、雇用保険については、ワーキングホリデー、外国公務員および外国の失業補償制度の適用を受けていることが明らかである者を除き、加入要件を満たす場合には、国籍を問わず適用されます。

社会保険（健康保険および厚生年金保険）についても同様に、加入要件を満たす場合には、国籍を問わず適用されます。ただし、社会保障協定が締結された海外の企業から日本に一時的に派遣された外国人労働者については、社会保障協定の適用を受けている場合、派遣先である日本側の厚生年金保険（相手国によっては、健康保険、雇用保険も含まれることがあります）が免除されることがあるため、留意が必要です。

第 4 章　労務コンプライアンス上の課題

［3］外国人雇用状況の届け出

　外国人の雇入れまたは離職の際には、在留資格が外交、公用、特別永住者を除き、外国人雇用状況の届け出が必要です。雇用保険の被保険者となる場合は、雇用保険被保険者資格取得届または雇用保険被保険者資格喪失届の提出と同時に、国籍・在留資格・在留期間等を管轄のハローワークに届け出ることになります。

　届け出期限は、雇入れの場合は翌月 10 日まで、離職の場合は翌日から起算して 10 日以内です。一方、雇用保険の被保険者とならない場合は、外国人雇用状況届出書の提出が必要となり、届け出期限は、雇入れ、離職の場合ともに翌月末日までとなります。

［4］外国人労働者の雇用管理の改善等に関して事業主が適切に対処するための指針の遵守

　外国人を雇用するに当たり、事業主が遵守すべき法令や努めるべき雇用管理について定められた指針（平 19.8.3　厚労告 276）に沿って、職場環境の改善や再就職の支援に取り組む必要があります。

　指針の内容は、募集・採用時、法令の適用、適正な人事管理、解雇等の予防と再就職援助など、多岐にわたります。労働関係法令および社会保険関係法令が国籍にかかわらず適用されること、外国人労働者が適切な労働条件および安全衛生の下、在留資格の範囲内で能力を発揮しつつ就労できるよう、適切な措置を講ずるための基本的な考え方に基づいて、事業主が行うべき事項を遵守しなければなりません。

［5］技能実習と特定技能

　2024 年 6 月、人材育成による国際貢献を目的とした「技能実習制度」に代わり、新たに外国人人材の確保と人材の育成を図る「育成就労制度」を設けることを柱とする改正出入国管理法などが参議院本会議で可決・成立しました。現在、技能実習と特定技能で異なっている受け入れ対象分野

が2027年以降（予定）、新制度では一致されることになり、技能実習（新制度への移行後は育成就労）から特定技能に移行しやすくなるほか、技能実習では原則として認められていなかった転籍も、日本語能力や技能の要件を満たせば勤続1年で認められます。在留資格を持つ外国人を雇用している、または、雇用を検討している場合は、関連法等の最新情報を入手し、適切に運用、対応していくことが望まれます。

第4章　労務コンプライアンス上の課題

3 | 同一労働同一賃金

　同一労働同一賃金は、同一企業・団体における正社員（無期雇用フルタイム労働者）と非正社員（短時間労働者、有期雇用労働者、派遣労働者）との間の不合理な待遇差の解消を目指すものです。

　正社員と非正社員との間で待遇差が存在する場合に、いかなる待遇差が不合理なものあるいは不合理なものでないかが「短時間・有期雇用労働者及び派遣労働者に対する不合理な待遇の禁止等に関する指針」（平30.12.28　厚労告430。以下、同一労働同一賃金ガイドライン）で示されています。

チェックリスト

①	基本給を労働者の能力・経験、業績・成果、勤続年数に応じて決定している場合、非正社員に対しても、それらに応じた部分について、同一であれば同一の基準としている	Y	N
②	非正社員という理由のみで昇給や賞与支給の対象外としていない	Y	N
③	勤続による能力の向上に応じて昇給している場合、非正社員に対しても、これに応じた部分について、同一の基準としている	Y	N
④	会社の業績等への貢献に応じて賞与を決定している場合、非正社員に対しても貢献に応じた部分について、同一の基準としている	Y	N
⑤	通勤手当や食事手当等、非正社員に対しても同一の手当を支給している	Y	N
⑥	時間外・休日・深夜労働に対する割増率は、正社員と非正社員との間で差を設けていない	Y	N
⑦	同一の事業場における給食施設・休憩室および更衣室等の福利厚生施設は非正社員も利用することができる	Y	N
⑧	慶弔休暇、健康診断に伴う勤務免除および健康診断を勤務時間中に受診する場合の給与保障について、非正社員に対しても同一の付与を行っている	Y	N
⑨	私傷病による休職制度は非正社員に対しても同一のルールとしている	Y	N
⑩	教育・研修について、現在の職務の遂行に必要な技能・知識を習得するために実施する場合、正社員と同一の職務内容である非正社員に対しても同じく実施している	Y	N

207

⑪	非正社員から待遇の決定方法について説明を求められた際、考慮した事項について、合理的な説明を行っている（非正社員の賃金は○○円という説明では不足）	Y	N

■正社員と就業の実態が同一であるかどうかは、次の要件から判断します。

(1) 職務の内容の同一性の判断基準（①～③のいずれかが Y であれば同一性はなしと判断）			
①	正社員と非正社員の業務の種類（販売職、営業職等）は同じではない	Y	N
②	業務の種類が同じであっても、中核的業務（主な作業の割合、職務上不可欠な業務）は実質的に同じではない	Y	N
③	中核的業務が同じであっても、責任の程度（権限の範囲、ノルマ等）は著しく異なる	Y	N
(2) 人材活用の仕組みや運用の同一性の判断基準（①～④のいずれかが Y であれば同一性はなしと判断、ただし③※のケースは除く）			
①	正社員と非正社員について、どちらか一方のみ転勤がある	Y	N
②	どちらも転勤がある場合であっても、転勤の範囲（全国、地域限定等）は異なる	Y	N
③	転勤の範囲が同一の場合であっても、もしくは①において、どちらも転勤がない場合であっても、職務内容の変更・配置の変更（配置転換や昇進による職務変更など）は、どちらか一方のみ行われる ※転勤がどちらもない場合もしくは転勤の範囲が同一で、職務内容の変更・配置の変更がない場合は、人材活用の仕組みや運用が同一と判断される	Y	N
④	職務内容の変更・配置の変更がどちらも行われる場合であっても、経験する部署や昇進の範囲は異なる	Y	N

代表的な労務コンプライアンス上の課題と対応方針

[1] 対象労働者

　いわゆる正社員（通常の労働者）と非正社員（短時間労働者・有期雇用労働者）とは、次のように整理できます。

> ・通常の労働者＝いわゆる正規型の労働者および事業主と期間の定めのない労働契約を締結しているフルタイム労働者（無期雇用フルタイム労働者）
> ・短時間労働者＝１週間の所定労働時間が同一の事業主に雇用される通常の労働者の１週間の所定労働時間に比べて短い労働者

第4章　労務コンプライアンス上の課題

・有期雇用労働者＝期間の定めのある労働契約を事業主と締結している労働者

　例えば、期間の定めのない労働契約であってもフルタイム労働者よりも所定労働時間が短い者や、所定労働時間は通常の労働者と同じであっても期間の定めのある労働契約の者は、非正社員（短時間労働者・有期雇用労働者）に該当します。

[2] 同一労働同一賃金の考え方

　正社員と非正社員の待遇において、次の①〜③のうち、その待遇の性質およびその待遇を行う目的に照らして適切と認められるものを考慮して、不合理と認められる相違を設けてはならないとされています。

①業務の内容および当該業務に伴う責任の程度（職務の内容）
②当該職務の内容および配置の変更の範囲
③その他の事情（職務の成果、能力、経験、合理的な労使慣行、事業主と労働組合との交渉の経緯等）

　①が正社員と同一の非正社員であって、当該事業所における慣行その他の事情から見て、同じ事業主との雇用関係が終了するまでの全期間において、その非正社員の②が正社員と同一の範囲で変更されることが見込まれる者においては、非正社員であることを理由として、待遇のそれぞれについて、差別的取り扱いをしてはならないこととされています。

[3] 事業主が講ずる措置の内容等の説明

　非正社員が自身の待遇に納得して働けるようにすることを目的として、事業主が講ずる雇用管理の改善に関する措置の内容を説明することが義務づけられています。

　非正社員の雇入れ時（契約更新時含む）は、実施する雇用管理の改善に

関する措置の内容を、求めがあったときには、待遇の相違の内容および理由を説明することとなります。なお、説明を求めたことを理由に、解雇や配置転換、降格、減給、昇給停止、出勤停止、労働契約の更新拒否等の不利益な取り扱いを行うことは禁止されています。

[4] 労働条件の文書の交付等による明示

　非正社員の雇い入れ時（契約更新時含む）は、労基法15条に規定された一定事項を文書の交付等により明示しなければなりません（**第1の「4 雇用契約」**の項〈➡ 68 ページ〉）。加えて、非正社員に対しては、特にトラブルになりやすい次の三つの事項についても、文書の交付等により明示しなければならないとされています。

①昇給の有無
②退職手当の有無
③賞与の有無

　非正社員には多様な働き方があり、雇い入れ後に労働条件について疑義が生じトラブルになることが少なくありませんので、雇入れ時（契約更新時含む）に文書の交付等により、きちんと「労働条件」が明示されているかを確認する必要があります。

第４章　労務コンプライアンス上の課題

4 | 派遣労働者

　労働者派遣事業においては派遣労働者の保護と雇用の安定を図るため、派遣先事業所と派遣元事業主それぞれがルールを確認し、適切に対応する必要があります。

1．派遣先事業所

チェックリスト

①	派遣禁止業務（建設、港湾運送、警備、医療関係業務）について派遣労働者を受け入れていない	Y	N
②	労働者派遣契約を締結するに当たり、あらかじめ派遣元事業主に対して、比較対象労働者の待遇に関する情報を提供している	Y	N
③	派遣元事業主に対して、派遣受入期間制限抵触日を通知している	Y	N
④	派遣労働者の受け入れに当たり、事前に面接を行っていない（紹介予定派遣を除く）	Y	N
⑤	派遣労働者の受け入れに当たり、事前に履歴書などの送付を要求していない（紹介予定派遣を除く）	Y	N
⑥	派遣労働者を、さらに別の会社に派遣していない	Y	N
⑦	派遣可能期間を超えて派遣労働者を受け入れていない	Y	N
	・派遣先事業所単位の期間制限（原則３年）	Y	N
	・同一の組織単位における期間制限（３年）	Y	N
⑧	同一の事業所に３年を超えて受け入れる場合、期間制限の抵触日の１カ月前までに社員の過半数で組織する労働組合（過半数労働組合がない場合には、社員の過半数代表者）の意見聴取を書面で行っている	Y	N
⑨	派遣先責任者を選任している	Y	N
⑩	派遣先管理台帳を整備し、派遣終了日から３年間保存している	Y	N

代表的な労務コンプライアンス上の課題と対応方針

［1］派遣受け入れ期間の制限

　派遣先事業所単位で派遣労働者を受け入れることができるのは、原則３年です。ただし、抵触日の１カ月前までに、社員の過半数で組織する労働

211

組合（過半数労働組合がない場合には、社員の過半数代表者）の意見を聴取することにより、さらに3年を限度に延長することが可能になります。意見聴取に当たっては、過半数労働組合等に対して、派遣労働者等の情報提供が必要となるほか、過半数労働組合等が延長について異議を述べたときは、対応方針等を説明しなければなりません。

[2] 労働契約申込みみなし制度

　労働契約申込みみなし制度とは、派遣先が違法派遣を受け入れた場合に、その時点において、派遣先が派遣労働者に対して、労働契約の申し込みをしたものとみなす制度です。派遣労働者が申し込みを承諾すると、派遣先と派遣労働者の労働契約が成立します。派遣先においては、派遣禁止業務の受け入れや、無許可事業所からの受け入れ、制限期間を超える受け入れ、偽装請負等となる受け入れなどの違法派遣とならないよう注意が必要です。

2. 派遣元事業主

チェックリスト

①	労働者派遣を行っているすべての事業場において、労働者派遣事業の許可を受けている	Y	N
②	労働者派遣事業報告書等を届出期限内に労働局へ提出している	Y	N
③	マージン率等の必要な情報提供を行っている	Y	N
④	特定の企業に対してのみ労働者派遣を行っていない（専ら派遣を行っていない）	Y	N
⑤	派遣禁止業務（建設、港湾運送、警備、医療関係業務）への派遣を行っていない	Y	N
⑥	労働者派遣契約を締結するに当たり、あらかじめ派遣先から比較対象労働者の待遇に関する情報を受領している	Y	N
⑦	派遣先に対して、派遣受入期間制限抵触日を通知している	Y	N
⑧	（派遣先均等・均衡方式）派遣先の通常労働者との間で公正な待遇を確保している	Y	N

第 4 章　労務コンプライアンス上の課題

⑨	（労使協定方式）社員の過半数で組織する労働組合（過半数労働組合がない場合には、派遣元の派遣労働者を含むすべての社員の過半数代表者）と派遣労働者の処遇に関する労使協定を締結・周知している	Y	N
⑩	（労使協定方式）派遣労働者の賃金の額が同種の業務に従事する一般労働者の平均的な賃金額と同等以上である	Y	N
⑪	派遣可能期間を超えて派遣労働者を派遣していない	Y	N
	・派遣先事業所単位の期間制限（原則 3 年）	Y	N
	・同一の組織単位における期間制限（3 年）	Y	N
⑫	派遣元責任者を選任している	Y	N
⑬	派遣元管理台帳を整備し、派遣終了日から 3 年間保存している	Y	N
⑭	派遣労働者に対して、労働条件および就業条件等を明示している	Y	N
⑮	教育訓練計画に基づいた段階的かつ体系的な教育訓練を行っている	Y	N

代表的な労務コンプライアンス上の課題と対応方針

［1］ 派遣労働者の同一労働同一賃金

　派遣元事業主は、「派遣先均等・均衡方式」または「労使協定方式」のいずれかの方式により、派遣労働者の待遇を確保する必要があります。

（1） 派遣先均等・均衡方式

　派遣先が派遣先の通常の労働者の中から選定した「比較対象労働者」の待遇情報に基づき、派遣先の通常の労働者と派遣労働者との均等・均衡待遇を確保します。

①均等待遇

　職務内容、職務内容・配置の変更範囲が同一であれば差別的取り扱いを禁止

②均衡待遇

　職務内容、職務内容・配置の変更範囲、その他の事情の相違を考慮して不合理な待遇差を禁止

（2） 労使協定方式

　派遣元社員の過半数で組織する労働組合（過半数労働組合がない場合には、派遣元の派遣労働者を含むすべての社員の過半数代表者）との間で、

213

一定の事項を定めた労使協定を書面で締結することにより、派遣労働者の待遇を確保します。

労使協定に定めるべき事項は次のとおりです。

①労使協定の対象となる派遣労働者の範囲
②賃金決定方法（同種の業務に従事する一般労働者の平均的な賃金の額と同等以上の賃金となるもの、職務の内容等が向上した場合に賃金が改善されるもの）
③職務の内容等を公正に評価して賃金を決定すること
④賃金以外の待遇決定方法
⑤段階的・体系的な教育訓練を実施すること
⑥有効期間　など

ただし、労使協定で定めた事項を遵守していない場合や、過半数代表者が適切に選出されなかった場合等には労使協定方式は適用されず、派遣先均等・均衡方式が適用されることとなりますので注意しましょう。

[2] 就業条件等の明示

派遣元事業主は、労働者派遣をしようとするときは、あらかじめ派遣労働者に対し、労働者派遣をする旨、当該派遣労働者に係る就業条件ならびに派遣先の事業所単位の期間制限に抵触することとなる最初の日および派遣労働者個人単位の期間制限に抵触することとなる最初の日を明示する必要があります。

派遣元事業主、派遣先、派遣労働者の三者間において、就業条件等を明確化することで不要なトラブルの発生を防止するとともに、派遣先事業所単位の期間制限および同一の組織単位の期間制限に抵触しないよう、しっかりと管理する体制が求められます。

第4章　労務コンプライアンス上の課題

5 | 請負の適正化

　請負とは、民法632条で、「当事者の一方がある仕事を完成することを約し、相手方がその仕事の結果に対してその報酬を支払うことを約することによって、その効力を生ずる」と規定され、労働の結果としての仕事の完成を目的とするものをいいます［図表4-8］。

　一方、労働者派遣事業とは、「派遣元事業主が自己の雇用する労働者を、派遣先の指揮命令を受けて、この派遣先のために労働に従事させることを業として行うこと」をいいます［図表4-9］。

　請負には注文主と労働者との間に指揮命令関係を生じないという点で、労働者派遣と異なります。

チェックリスト	（発注者＝注文主、受託者＝請負事業者）		
(1) 労働者に対する業務の遂行方法に関する指示その他の管理を受託者が自ら行っている			
①	作業場における労働者の人数、配置、変更等の指示は、すべて受託者が行っている	Y	N
②	労働者に対する仕事の割り当てや調整等の指示は、すべて受託者が行っている	Y	N
③	労働者に対する業務の技術指導や指揮命令は、すべて受託者が行っている	Y	N
④	作業スケジュールの作成や調整は受託者自らが行い、労働者に指示をしている	Y	N
⑤	欠勤等があったときの人員配置は、受託者が自ら指示、配置をしている	Y	N
⑥	仕事の完成や業務の処理方法の教育、指導を受託者自ら行っている	Y	N
⑦	作業者の個々の能力評価は受託者自ら行い、発注者に能力評価の資料等を提出することはない	Y	N
⑧	発注者の許可や承認がなくても、受託者の労働者が職場離脱できる（ただし、施設管理上や機密保持上の合理的理由がある場合は除く）	Y	N
(2) 労働者の労働時間等に関する指示その他の管理を受託者自ら行っている			
①	労働者の、①就業時間・休憩時間・休日・休暇の決定、②時間外労働・休日労働の指示、③欠勤・遅刻・早退等の勤怠管理を受託者自ら行っている	Y	N
②	発注者の就業規則をそのまま使用したり、またはその適用を受けることはない	Y	N
③	タイムカードや出勤簿は、受託者自らのものを使用している	Y	N

215

④	受託者の個々の労働者の時間外・深夜労働時間や休日労働日数の把握、確認、計算等を発注者が行うことはない	Y	N

(3) 企業における秩序の維持、確保等のための指示その他の管理を受託者自ら行っている

①	発注者が作成した身分証明書やIDカード等を使用していない（ただし、施設管理上や機密保持上の合理的理由がある場合は除く）	Y	N
②	発注者から直接、受託者の個々の労働者の能力不足等の指摘を受けていない	Y	N
③	発注者が面接等を行って受託者の労働者を選定することはない	Y	N
④	発注者と同一の作業服（帽子を含む）を着用していない（ただし、施設管理上や機密保持上等の合理的理由がある場合、または有償による貸与は除く）	Y	N
⑤	受託業務を実施する従業員の指名、分担、配置等の決定を、すべて受託者自ら行っている	Y	N

(4) 業務の処理に必要な資金をすべて受託者自らの責任において調達し、かつ、支弁している

①	必要になった交通費や旅費等を、受託者がその都度発注者に請求することはない	Y	N
②	資材、材料、原料、部品等について、発注者から無償で提供されていない	Y	N
③	出張交通費の実費を、発注者の旅費規程によって請求、支払いすることはない	Y	N

(5) 業務の処理について、民法・商法その他の法律に規定された事業主としてのすべての責任を受託者が負っている

①	契約書に、業務の処理につき受託者側に契約違反があった場合の損害賠償規定がある	Y	N
②	契約書に、受託者の労働者の故意・過失による発注者または第三者への損害賠償規定がある	Y	N
③	労働安全衛生の確保・責任は受託者が負っている	Y	N

(6) 単に肉体的な労働力を提供するものとはなっていない

①	処理すべき業務を、①受託者の調達する設備・機器・材料・資材を使用し処理している、または、発注者が設備等を調達する場合は無償で使用していない、②受託者独自の高度な技術・専門性等で処理をしている（①②どちらかに該当していること）	Y	N
②	契約書に、完成すべき仕事の内容、目的とする成果物、処理すべき業務の内容が明記されている	Y	N
③	労働者の欠勤、休暇、遅刻等による作業時間の減少等に応じて、請負代金の減額等が定められることになっていない	Y	N
④	請負代金は、「労務単価×人数×日数または時間」となっていない（ただし、高度な技術・専門性が必要な場合を除く）	Y	N

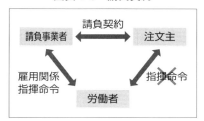
図表 4-8　請負契約

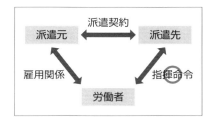
図表 4-9　労働者派遣契約

代表的な労務コンプライアンス上の課題と対応方針

［1］偽装請負（請負と労働者派遣）

　労働者派遣では、原則として、派遣受け入れ期間に制限があり、その制限期間を超えて労働者を使用し続けたいときは、派遣先には、その労働者に対する雇用契約の申し込み義務が発生します。

　また、派遣契約においては、派遣先にも労基法や安衛法が適用される部分がありますが、これら派遣先に求められる責任から逃れるために、請負の形式をとるケースが多いようです。

　ここで注意しなければならない点は、自社と雇用関係のない労働者に対して直接指揮命令を行えるのは、労働者派遣契約に基づく場合に限られるということです。

　したがって、請負契約により行われる業務であっても、注文主と労働者の間に直接指揮命令関係が生じている場合には、実態としては労働者派遣に該当すると判断され、偽装請負となるおそれがあります。

　偽装請負の状態で労災事故が発生した場合には非常に大きな問題となりますので、労務コンプライアンス上、偽装請負状態の解消は必要不可欠な項目といえます。

　なお、ここでいう請負には、業務委託・委任（準委任）も含んでいます。

[2] 請負の適正化

　請負と労働者派遣はよく似た制度であり、この区分の実際の判断は容易ではないことから、この判断を明確に行うことができるように「労働者派遣事業と請負により行われる事業との区分に関する基準」（昭 61.4.17　労告 37）が定められています（具体的基準は、「**チェックリスト**」の内容を参照してください）。

　適正な請負が行われていないケースとして、指揮命令関係以外によく見られる点には、次のようなものがあります。

---

①発注者の設備や機器（作業スペース、机、パソコン）等を無償で使
　用し、発注者の労働者と混在して業務を行っている
②請負代金が、仕事の完成による「一式○○円」という決め方ではな
　く、日給または時給で決められている

　請負契約により業務を行う場合には、適正な請負形態であることを確認するためにチェックリスト等を作成し、自主点検する必要があります。

[3] フリーランス・事業者間取引適正化等法

　近年、フリーランス人口が増加していることに伴い取引上のトラブルが増えているにもかかわらず、フリーランスを適切に保護する法律が制定されていませんでした。そこで、フリーランスが不当な不利益を受けることなく安定的に働くことができる環境を整えることを目的として、「特定受託事業者に係る取引の適正化等に関する法律（フリーランス・事業者間取引適正化等法）」が 2023 年 5 月 12 日に公布され、2024 年 11 月 1 日に施行されます。

　これによって、個人で働くフリーランスに業務委託を行う発注事業者に対し、業務委託をした際の取引条件の明示や、発注した物品等を受け取った日から原則 60 日以内での報酬の支払い、ハラスメント対策のための体制整備等が義務づけられることとなります。

第4章 労務コンプライアンス上の課題

6 | テレワーク

　テレワークとは、「tele＝離れた場所」と「work＝働く」を合わせた造語で、出産や育児、介護などライフスタイルの変化があっても情報通信技術を利用し、場所や時間にとらわれない働き方ができるため、コロナ禍をきっかけに導入する企業が増えました。

　テレワークの導入・実施に当たっては、「テレワークの適切な導入及び実施の推進のためのガイドライン」（厚生労働省策定）に沿った労務管理体制の構築が重要です

チェックリスト			
①	主たる就業場所としてテレワークを行う場所（主に自宅）を明示した労働条件を通知している	Y	N
②	テレワークの実施と同時に始業および終業時刻の変更を可能とする場合は、就業規則に記載し、労働条件の通知時にも明示している	Y	N
③	テレワーク時に事業場外労働みなし労働時間制を適用する場合は、次の要件を満たしている	Y	N
	・情報通信機器を通じた使用者の指示に即応する義務がない	Y	N
	・随時、使用者の具体的な指示に基づいて業務を行わせることはしていない	Y	N
④	テレワークを行うことによって労働者が通信費や自宅の水道光熱費などを負担する場合について、就業規則に規定している	Y	N
⑤	セキュリティールールなど研修や社内教育に関する制度を定める場合について、就業規則に規定している	Y	N
⑥	テレワークを行う労働者について、通常の労働者と異なる賃金制度とする場合を給与規程に規定している	Y	N
⑦	テレワークを行う際の作業環境について、労働者に助言等をしている	Y	N

代表的な労務コンプライアンス上の課題と対応方針

［1］テレワーク

　テレワークの導入に当たっては、次の事項を検討し、適切に運用していく必要があります。

219

①対象者（希望者全員を対象とするか、職種や担当業務・役職等で対象者を限定するか）
②対象業務（テレワークで実施できる業務範囲）
③利用頻度（常時、週1回、定めなし）
④セキュリティールール（貸与するパソコンや携帯電話の取り扱い、インターネット接続方法、資料持ち出しの可否）
⑤労働時間のルール（業務開始・終了時の報告、時間外労働、休憩や中抜け）
⑥費用の負担（通信費、自宅の水道光熱費等の取り扱い）

　テレワークについては、業務の効率化に伴い、時間外労働の削減につながるというメリットが期待される一方で、労働者が使用者と離れた場所で勤務をするため、長時間労働を招くおそれもあります。使用者は、単に労働時間を管理するだけでなく、長時間労働による健康障害の防止を図ることも求められます。

[2] 越境リモートワーク（国境を越えるリモートワーク）

　テレワークの中には、国境を越えて働くいわゆる越境リモートワークも含まれます。越境リモートワークに法的な定義はありませんが、日本企業の海外支店や現地法人等で働くことではなく、海外に会社の拠点がない状態で、日本の会社の指揮命令により海外で働くことを指し、さまざまなタイプがあります。例えば、外国人労働者が海外（故郷）に帰国し、海外の自宅（実家）で働くことや、社員の配偶者が勤務する会社の海外現地法人等に海外赴任する際に帯同し、その配偶者の勤務先国で社員が働くようなスタイルが含まれます。

　越境リモートワークは、海外に居住する優秀な人材の確保や優秀な社員の離職防止などの会社側のメリットや、場所に縛られず働くことができたりキャリアの断絶を防げたりする社員側のメリットもありますが、社員の

第 4 章　労務コンプライアンス上の課題

居住国と会社の所在国が異なることから両方の国の規制に留意が必要となります。

　まず、テレワークを行う海外の住居は事業場とはみなされませんので、労災保険の特別加入制度の対象とはなりません。

　雇用保険については、雇用保険業務取扱要領では越境リモートワークの想定がされておらず、個別の前提条件により解釈が異なる場合が多いことから、所轄のハローワークの判断を仰ぎ、適切な処理をすることが求められます。

　健康保険と厚生年金保険の加入要件を満たす場合には、引き続き加入が必要です。ただし、介護保険については、市町村の区域内に住所を有する者が被保険者となるため、介護保険料を徴収されないようにするためには、住民票の除票をして出国し、介護保険適用除外の手続きを行う必要があります。

　なお、社会保障協定は、海外の企業に一時的に派遣されることを想定した制度のため、越境リモートワークを理由にした適用は対象外となります。併せて、越境リモートワークであっても日本の会社との労働契約に基づいて賃金を支払う場合には、一般的に居住国の通貨ではなく日本円で支払う必要がありますし、労働時間も適切に把握しなければなりません。

　その他の留意点として、越境リモートワークをする従業員の国籍によっては、居住国で働くために適法なビザ（労働許可）を取得できない場合があることから、不法就労のリスクが伴います。リモートワークビザなど、越境リモートワークのためのビザがない国では、原則として、現地で受け入れる企業がないと、越境リモートワークを理由にした就労ビザが取得できないためです。また、現地で行う仕事の内容によっては、事業を行う一定の場所等として PE（Permanent Establishment、恒久的施設）に認定されるリスクを伴うことがあり、突然課税されると、会社にも労働者にも大きな影響を及ぼしかねません。PE 認定については、現地での税務関係に詳しい専門家へ確認するなど、社員が予期せず課税された場合をはじめ、

221

適切に対応できるよう注意が必要です。そのほか 1 年以上の長期にわたり越境リモートワークをする場合には、出国日までに年末調整を実施するなど、税務上の留意点も少なくありません。

　越境リモートワークは、新しい働き方のため法規制が曖昧であり、日本の法令だけでは対応が決められないことから、その実態を踏まえながら現地の法令も遵守しなければなりません。越境先ごとに規制が異なるため、労務管理は煩雑になり、留意点も多いことから、各国の法規制に詳しい専門家の助言を仰ぐなど、適切に運用することが求められます。また、越境リモートワークの社内制度をいったん導入した後にも、最新の法規制動向を注視し、適切に運用するための継続的な対応が重要です。

第4章　労務コンプライアンス上の課題

第8　健康・安全衛生

1 健康診断

　安衛法66条では、会社に健康診断の実施を義務づけており、具体的には、雇入時の健康診断（安衛則43条）、定期健康診断（同則44条）、特定業務従事者の健康診断（同則45条）、海外派遣労働者の健康診断（同則45条の2）等があります。

　これらの健康診断の受診要件に該当する社員には、健康診断を受診させることはもちろんですが、その結果を記録することや、診断結果によっては医師の意見を聴取することも求められています。

　また、会社には「労務の提供に当たって、労働者の生命・健康等を危険から保護するよう配慮すべき使用者の義務」（以下、安全配慮義務）があり、健康診断の受診や受診後の措置もその一部と考えられます。

　したがって、労務リスクを軽減するためにも、また会社を健全に運営するためにも、健康診断の受診要件やその後の必要な措置等をしっかりと理解することが重要です。

チェックリスト

①	常時使用する社員を採用する際、健康診断を行っている	Y	N
②	常時使用する社員に対し、毎年1回の定期健康診断を行っている	Y	N
③	深夜業（6カ月以上を平均して月4回以上）、または特定業務（安衛則13条1項3号に掲げる業務）に従事する社員に対しては、6カ月に1回の定期健康診断を行っている	Y	N
④	有害な業務（屋内作業場等における有機溶剤業務等）に従事する社員（常時使用）に対し、特殊健康診断を行っている	Y	N
⑤	6カ月以上の海外派遣者に健康診断を行っている	Y	N
⑥	健康診断に要する費用は会社が負担している	Y	N
⑦	健康診断の結果を社員に通知している	Y	N
⑧	健康診断の結果を記録して5年間保存している	Y	N

223

⑨	常時 50 人以上の社員を使用する事業場において、遅滞なく健康診断結果報告書を所轄労働基準監督署に提出している	Y	N
⑩	健康診断の結果、異常の所見がある者がいた場合には、健康診断実施後 3 カ月以内に、医師からの意見聴取を実施している	Y	N
⑪	意見聴取により、必要な場合には就業上の適切な措置（就業場所の変更、作業の転換、労働時間の短縮、深夜業の回数減少等）を講じている	Y	N

代表的な労務コンプライアンス上の課題と対応方針

［1］ 雇入時の健康診断・定期健康診断の実施

（1） 受診対象者

　雇入時の健康診断・定期健康診断では、常時使用する労働者が健康診断の受診対象となりますが、「常時使用する」とは、次の 2 点を満たす社員をいいます。

---

①期間の定めのない契約により使用される者（または、有期雇用契約であっても契約更新により 1 年以上引き続き使用されている者〔もしくは使用される予定である者〕）

②労働時間が通常の社員の 4 分の 3 以上である者

　健康診断の受診対象者を正社員のみとしている会社もありますが、パートタイム労働者であっても、上記要件を満たす場合は健康診断を受診する必要があるので注意しましょう。

　労務コンプライアンス調査の結果では、雇入れ時のほかにパートタイム労働者の受診ができていないケースが非常に多く見られます。自社で行う調査でも、受診漏れがないように確認しなければなりません。

（2） 臨時の健康診断の受診命令

　メンタルヘルス等による体調不良が疑われる社員に臨時の健康診断の受診を命じるケースを想定し、本人とのトラブルを避けるためにも「会社は臨時の健康診断の受診を命ずる場合がある」等の内容を就業規則に記載しておくことを勧めています。

第 4 章　労務コンプライアンス上の課題

　仮に就業規則への記載がない場合でも、臨時の健康診断を命ずるだけの合理的な理由があれば受診命令も可能という裁判例もあります（京セラ事件　東京高裁　昭 61.11.13 判決）。

　ただし、実際に臨時の健康診断の受診を命ずる場合、会社が一方的に命ずるのではなく、事前に本人と相談しながら受診を促すといったほうが本人の納得も得られやすいのではないでしょうか。

（3）健康診断の受診を拒否する社員への対応

　社員の中には忙しいなどの理由で、安衛法で定めた健康診断（雇入時の健康診断・定期健康診断）や臨時の健康診断の受診を拒否するケースがあるようです。

　安衛法では社員に対して法定健康診断の受診を命じていますので（安衛法 66 条 5 項）、受診を拒否できません。また、臨時の健康診断であっても、受診を命令できるほどの合理的な理由がある場合には、社員はこの健康診断の受診を拒否できません。したがって、会社が受診を命じてもこれを拒否する場合は懲戒処分も可能ですので、健康診断の受診を徹底させるためにも、懲戒事由として受診の拒否についても規定しておくことが必要です。

[2] その他の健康診断

（1）特定業務従事者の健康診断

　有害な業務等（安衛則 13 条 1 項 3 号）に常時従事する社員に対し、その業務への配置替えおよび 6 カ月以内ごとに 1 回、定期に、医師による健康診断を実施する必要があります（安衛則 45 条）。

　対象となる業務には深夜業務も含まれており、具体的には 6 カ月を平均して月 4 回以上の深夜業務に従事した社員が目安とされています。

　労務コンプライアンス調査では、深夜業に従事する社員に対して健康診断を受診させていないケースが見受けられますので注意しましょう。

（2）海外勤務者の健康診断

　社員を海外の地域に 6 カ月以上派遣しようとするときは、医師による健

康診断を行う必要があります（安衛則45条の2第1項）。また、海外の地域に6カ月以上派遣した社員を、国内における業務に就かせるときも、医師による健康診断を行わなければなりません（同条2項）。

　ここでいう「派遣」とは、転勤、在籍出向、移籍出向、出張等が該当します（平元.8.22　基発462）ので、長期出張でも6カ月以上派遣させる場合は健康診断が必要です。

　最近は、日本企業の海外展開の増加に伴い、海外勤務も増えています。海外での生活は日本と気候や食生活も異なり、健康管理には十分注意する必要があることから、海外勤務者に対する健康診断の実施を徹底しましょう。

［3］健康診断に要する費用・時間の取り扱い

（1）健康診断に要する費用の負担

　健康診断に要する費用は、健康診断の受診費用のほか交通費も含む全額を会社が負担する必要があります（昭47.9.18　基発602）。

　ただし、社員自らが選択したほかの医師や歯科医師の健康診断を受診する場合は、費用負担の義務はありません。

（2）健康診断に要する時間の取り扱い

　特殊健康診断は所定労働時間内に実施することを原則とし、時間外に行われた場合は割増賃金を支払う必要があります。一方、特殊健康診断以外の一般健康診断に関しては、受診に要した時間に会社が賃金を支払う義務まではなく、支払うことが望ましいとされています（昭47.9.18　基発602）。なお、健康診断を全社員に受診させるため、一般健康診断に要する時間の賃金を会社が負担するケースが多いようです。

［4］健康診断の実施後の措置

（1）健康診断の結果の通知・記録

　健康診断の受診後、受診結果を本人に通知し（安衛法66条の6）、記録

する必要があります（同法66条の3）。なお、受診結果は5年の保存義務があります（安衛則51条）。

健康診断の受診結果が会社にではなく社員本人に通知されている場合は、受診結果の報告を社員に求めるようにしてください。

労務コンプライアンス調査の結果では、受診結果を会社が記録していないケースが多く見受けられますので、受診結果の記録を徹底するよう注意しましょう。

なお、常時50人以上の社員を使用する事業場で健康診断を行ったときは、遅滞なく「定期健康診断結果報告書」を所轄労働基準監督署に提出します（安衛則52条）。

（2）異常の所見があった社員への対応

健康診断結果に異常の所見があると診断された場合、会社は医師から意見を聴取する必要があります（安衛法66条の4）。

この意見聴取は健康診断が実施された日から3カ月以内に実施することとされ（安衛則51条の2）、産業医の選任義務のある事業場（「5　安全衛生管理体制」の項〈➡ 235ページ〉）は、産業医から意見を聴取することが適当であるとされています（平8.9.13　基発566）。

さらに、意見聴取の結果、必要に応じて適切な措置を講じなければなりませんが（同法66条の5）、「適切な措置」とは、就業場所の変更、作業の転換、労働時間の短縮、深夜業の回数の減少等の措置が該当します。ただし、異常の所見の内容や従事する業務の内容・負荷等によって講ずべき措置は異なりますので、注意が必要です。

また、健康診断の受診結果に異常の所見があったにもかかわらず、会社が必要な措置を怠った場合は、安全配慮義務違反が問われる可能性が高くなり、最近は安全配慮義務に関する裁判も増えつつあります。

このように健康診断の実施からその後の措置まで義務づけられているほか、安全配慮義務の視点からも、社員の健康管理をサポートできる体制を整備することが必要です。

2 | ストレスチェック制度

　労働者の心理的な負担の程度を把握するため、常時 50 人以上の社員を使用する事業場において、1 年に 1 回ストレスチェックを実施することが義務づけられています（安衛法 66 条の 10）。

　この制度は、労働者のストレスの程度を把握し、労働者自身のストレスへの気づきを促すとともに、職場改善につなげ、働きやすい職場づくりを進めることによって、労働者がメンタルヘルス不調となることを未然に防止することを主な目的としたものです。

	チェックリスト		
①	常時 50 人以上の社員を使用する事業場において、毎年 1 回のストレスチェックを行っている	Y	N
②	ストレスチェックの検査結果は、検査を実施した医師、保健師等から直接本人に通知され、本人の同意なく事業者に提供していない	Y	N
③	検査の結果、一定の要件に該当する社員から申し出があった場合、医師による面接指導を行っている	Y	N
④	面接指導の結果に基づき、医師の意見を聴き、必要な場合には就業上の適切な措置（就業場所の変更、作業の転換、労働時間の短縮、深夜業の回数の減少等）を講じている	Y	N
⑤	ストレスチェックの結果を記録して 5 年間保存している	Y	N
⑥	常時 50 人以上の社員を使用する事業場において、1 年以内ごとに 1 回、ストレスチェック結果報告書を所轄労働基準監督署に提出している	Y	N

代表的な労務コンプライアンス上の課題と対応方針

［1］受検対象者

　ストレスチェックは、常時使用する労働者が受検対象となりますが、「常時使用する」とは、「1　健康診断」の項〈➡ 223 ページ〉と同じ社員をいいます。

　ストレスチェックの受検対象者は、上記要件にかかわらず、すべての社員に対して実施するケースも多く見られます。

［2］ストレスチェック実施後の措置

　ストレスチェックの結果、医師による面接指導が必要とされた社員から申し出があった場合、医師による面接指導を実施します。

　面接指導の実施後には、医師の意見を聴き、必要に応じ就業上の措置（労働者の実情を考慮し、就業場所の変更、作業の転換、労働時間の短縮、深夜業の回数の減少等の措置）を検討・実施する義務があります。

　なお、ストレスチェックの結果の記録は、検査を行った医師等が保存するか、社員の同意により検査を行った医師等から会社に提供された場合は会社が 5 年間保存する必要があります（安衛則 52 条の 13）。

3 健康情報の取り扱い

安衛法104条では、心身の状態に関する情報の取り扱いについて定めており、「労働者の心身の状態に関する情報の適正な取扱いのために事業者が講ずべき措置に関する指針」（令4.3.31　労働者の心身の状態に関する情報の適正な取扱い指針公示2）において、健康情報等取扱規程の策定が求められています。

チェックリスト

①	健康情報等取扱規程を作成・周知している	Y	N
②	社員の心身の状態に関する情報を適正に管理するために必要な措置を講じている	Y	N

代表的な労務コンプライアンス上の課題と対応方針

[1] 健康情報等取扱規程を定める目的

安衛法に基づき実施する健康診断等の健康確保措置や任意に行う健康管理活動を通じて得た社員の心身の状態に関する情報については、そのほとんどが個人情報保護法2条3項に規定する「要配慮個人情報」に該当する機微な情報です。

そのため、社員が自身にとって不利益な取り扱いを受けるという不安を抱くことなく、安心して産業医等による健康相談等を受けられるようにするとともに、会社が必要な心身の状態の情報を収集して、社員の健康確保措置を十全に行えるようにするためには、心身の状態の情報が適切に取り扱われることが必要です。それには、心身の状態の情報の適正な取り扱いのための規程（以下、取扱規程）を策定し、明確化しましょう。

[2] 取扱規程に定めるべき事項

取扱規程は、労使の協議により策定することが求められています。取扱

第 4 章　労務コンプライアンス上の課題

規程に定めるべき事項として、具体的には次のものが考えられます。

①心身の状態の情報を取り扱う目的および取り扱い方法
②心身の状態の情報を取り扱う者およびその権限ならびに取り扱う心
　身の状態の情報の範囲
③心身の状態の情報を取り扱う目的等の通知方法および本人同意の取
　得方法
④心身の状態の情報の適正管理の方法
⑤心身の状態の情報の開示、訂正等（追加および削除を含む）および
　使用停止等（消去および第三者への提供の停止を含む）の方法
⑥心身の状態の情報の第三者提供の方法
⑦事業承継、組織変更に伴う心身の状態の情報の引き継ぎに関する事
　項
⑧心身の状態の情報の取り扱いに関する苦情の処理
⑨取扱規程の労働者への周知の方法

　なお、②については、個々の事業場における心身の状態の情報を取り扱
う目的や体制等の状況に応じて、部署や職種ごとに、その権限および取り
扱う心身の状態の情報の範囲等を定めることが適切とされています。

231

4 長時間労働対策

　長時間労働は、脳・心臓疾患の発症との関連性が強いと考えられているほか、長時間労働による疲労・ストレスを原因としたメンタルヘルス不調が増加している傾向にあることから、社員の健康障害防止のための継続的な取り組みが求められます。

　会社によっては、労働時間の管理は社員の責任であるとして長時間労働対策に積極的に関与していないケースもあるようですが、労基法では会社に長時間労働を防止するための対策を義務づけており、長時間労働が原因で健康障害に至った場合は、労災認定されると同時に会社の安全配慮義務が問われる可能性もあります。

　そのほかにも、長時間労働は社員のモチベーションや業務効率の低下、退職者の増加等の原因となっており、会社の業績にも影響を与えるリスクがあります。

チェックリスト

①	長時間労働が発生していないか、毎月の労働時間をチェックしている	Y	N
②	労基法上の管理監督者や裁量労働制適用者についても、長時間労働を防止するために実労働時間を把握している	Y	N
③	1カ月の時間外・休日労働時間の合計が45時間を超えた場合、長時間労働者として必要な措置を講じている	Y	N
④	2〜6カ月の時間外・休日労働時間の合計が平均80時間を超えている者はいない	Y	N
⑤	1カ月の時間外・休日労働時間の合計が100時間を超える者はいない	Y	N
⑥	労働時間を削減するための対策を講じている	Y	N
⑦	長時間労働が発生した場合、医師の面談を実施する体制を整備している	Y	N
⑧	医師の面談の結果に応じて、長時間労働者に対する必要な措置を講じている	Y	N
⑨	経営者・管理職に長時間労働を防止する意識があり、率先して行動している	Y	N

第 4 章　労務コンプライアンス上の課題

代表的な労務コンプライアンス上の課題と対応方針

［1］対象者

　裁量労働制適用者や労基法上の管理監督者も含めたすべての社員が対象となりますので、これらの社員についても長時間労働を防止する観点から労働時間を把握する必要があります（2019 年 4 月より義務化）。

［2］面接指導

　1 週間当たり 40 時間を超えて労働させた時間が 1 カ月当たり 80 時間を超え、かつ、疲労の蓄積が認められる者から申し出があった場合に医師の面接指導を実施することとなっています（安衛法 66 条の 8、安衛則 52 条の 2）。

　1 週間当たり 40 時間を超えて労働させた時間が月 100 時間を超える研究開発業務従事者は、申し出がなくても面接指導の対象となります。また、1 週間当たりの健康管理時間が 40 時間を超えた時間について月 100 時間を超える高度プロフェッショナル制度適用者も同様です。

［3］1 週間当たり 40 時間を超えて労働させた時間

　1 週間で 40 時間を超過する労働時間が対象となります。したがって、休日労働の結果、週 40 時間を超えた場合も、この超えた労働時間にカウントすることになります。

［4］面接指導後の措置

　面接の記録を作成して 5 年間保存（安衛則 52 条の 6）し、面接指導の結果について医師から意見を聴取する義務があります（同則 52 条の 7）。

　その上で、必要に応じて就業場所の変更や作業の転換、労働時間の短縮、深夜業の回数の減少等の措置を講じなければなりません（安衛法 66 条の 8 第 5 項）。

233

[5] 産業医への情報提供

　産業医を選任している場合は、社員の健康確保のために産業医がより一層効果的な活動を行いやすい環境を整備するため、1週間当たり40時間を超えて労働させた時間が月80時間を超える社員がいる場合は、速やかにその社員の労働時間に関する情報を産業医に提供しなければなりません（安衛則52条の2）。

　医師の面接では、労働時間の短縮等の指導を受けることが多いようで、当然にこれらの指示を無視することはできません。仮に、労働時間の短縮を指示された社員が重要な役割を担っている場合は、会社の運営に支障を来すことも予想され、結果として会社の業績低下につながる可能性もあり得ます。

　長時間労働者に対しては、会社が責任を持って幅広くサポートする必要があるほか、適正な人員配置や業務分担の見直しはもちろんのこと、業務の効率化を目指し、長時間労働がない職場環境をつくることが、自社の競争力を高める上でも有効です。

第 4 章　労務コンプライアンス上の課題

5 ｜ 安全衛生管理体制

　労働災害の防止は会社の責任であり、安衛法では会社が自主的に安全衛生活動に取り組むよう、管理体制について定めています。例えば、規模の大きい事業場では総括安全衛生管理者を選任し、10 人以上 50 人未満の規模の事業場では安全衛生推進者（衛生推進者）を選任することとなっており、業種・社員数によって整備すべき安全衛生管理体制は異なります。

　そのほかにも労使で構成された安全委員会、衛生委員会の設置など、会社だけでなく社員も関与させて全社的な取り組みを促しています。

　労働災害や健康障害を防止するためにも、安全衛生管理体制を整備することは重要となりますので、選任・設置の要件や運営方法をしっかり理解するようにしてください。

チェックリスト

①	総括安全衛生管理者を選任し、所轄労働基準監督署に報告している（対象業種・社員数は［図表 4-10］を参照）	Y	N
②	安全管理者を選任し、所轄労働基準監督署に報告している（対象業種・社員数は［図表 4-10］を参照）	Y	N
③	衛生管理者を選任し、所轄労働基準監督署に報告している（対象業種・社員数は［図表 4-10］を参照）	Y	N
④	安全衛生推進者（衛生推進者）を選任し、社員に周知している（対象業種・社員数は［図表 4-10］を参照）	Y	N
⑤	産業医を選任し、所轄労働基準監督署に報告している（対象業種・社員数は［図表 4-10］を参照）	Y	N
⑥	作業主任者を選任している（対象業種は［図表 4-10］を参照）	Y	N
⑦	安全委員会を設置している（対象業種・社員数は［図表 4-10］を参照）	Y	N
⑧	衛生委員会を設置している（対象業種・社員数は［図表 4-10］を参照）	Y	N
⑨	安全委員会・衛生委員会（または安全衛生委員会）は毎月 1 回以上開催している	Y	N
⑩	安全委員会・衛生委員会（または安全衛生委員会）の委員の半数は、社員の過半数代表者の推薦を受けている	Y	N

235

⑪	安全委員会・衛生委員会（または安全衛生委員会）の議事の周知、および重要な議事録を作成（3年間保存）している	Y	N
⑫	安全委員会・衛生委員会（または安全衛生委員会）の設置義務がない場合、関係社員の意見を聴くための機会を設け、安全衛生について社員の意見を聴取している	Y	N

代表的な労務コンプライアンス上の課題と対応方針

業種・社員数ごとに必要な安全衛生管理体制は［図表 4-10］となりますが、注意すべき点として、会社単位ではなく事業場単位で安全衛生管理体制を整備する必要があります。

したがって、本社以外に支店等がある場合、本社だけでなく支店ごとに必要な安全衛生管理体制を整備しなければなりません。

[1] 安全管理者、衛生管理者、安全衛生推進者（衛生推進者）の選任

選任が必要な業種・社員数は［図表 4-10］のとおりですが、安全管理者は主に安全に関する技術的事項（安衛法 11 条 1 項）を、衛生管理者は衛生に関する技術的事項（同法 12 条 1 項）を管理することとなっています。なお、衛生管理者は衛生管理者免許を有する者等から選任することに注意します（安衛則 7 条 1 項 3 号）。

また、10 人以上 50 人未満の事業場では、事業場全般の安全衛生を管理するために安全衛生推進者の選任が必要となります（ただし、安全管理者の選任を要しない業種の会社は衛生推進者を選任）（安衛法 12 条の 2）。

この安全衛生推進者（衛生推進者）の選任と周知が守られていない会社（事業場）が多くありますので、きちんとした対応が求められます。

[2] 産業医の選任

産業医に必要な要件を備えた医師の中から産業医を選任する必要があり、社員の健康管理等についての必要な勧告、毎月 1 回の作業場の巡視や衛生委員会への出席等が求められています（安衛法 13 条、安衛則 15 条）。

第 4 章　労務コンプライアンス上の課題

図表 4-10　業種・社員数別の安全衛生管理体制

	業種別の社員数			概　要	選任・報告
	林業等	製造業等	その他		
総括安全衛生管理者	100人以上	300人以上	1,000人以上	・安全管理者、衛生管理者を指揮し、安全、衛生に関する業務を統括管理する	選任すべき事由が発生した日から14日以内に選任し、所轄労働基準監督署へ報告
安全管理者	50人以上		―	・安全にかかわる技術的事項を管理する ・一定要件を満たした者を事業場の専属として選任	
衛生管理者	50人以上			・衛生にかかわる技術的事項を管理する ・一定要件を満たした者を事業場の専属として選任	
安全衛生推進者（衛生推進者）	10人以上50人未満			・安全（衛生）にかかわる技術的事項を管理する ・一定要件を満たした者を事業場の専属として選任	同14日以内に選任し、社員に周知
産業医	50人以上			・社員の健康管理等について必要な勧告を行う ・一定要件を満たした医師から選任する	同14日以内に選任し、所轄労働基準監督署へ報告
作業主任者	危険、有害な特定作業			・一定要件を満たした者を選任	社員に周知
安全委員会	100人以上（一部業種は50人以上）		―	・安全、衛生の確保を図るため、労使間で協議する ・毎月1回以上開催し、議事録を3年間保存	―
衛生委員会	50人以上				

[3] 安全委員会、衛生委員会の設置

　安全委員会、衛生委員会の設置要件は［図表 4-10］のとおりですが、安全委員会の設置が必要な事業場は衛生委員会と合わせて安全衛生委員会とすることができます。

　これらの委員会は毎月1回以上、開催する必要があり、総括安全衛生管理者（または事業を統括管理する者）を除いた委員の半数は、労働組合（労働組合がない場合は社員の過半数代表者）の推薦に基づき指名しなければ

図表 4-11　衛生委員会の議事録の例

日　時：○年○月○日（○）　午後 4 時 00 分〜午後 5 時 00 分
場　所：当社第 1 会議室
出席者：山田、田中、鈴木、佐藤（衛生管理者）　**欠席者**：吉田、小野（産業医）

議　事
　議事 1：本年度の健康診断について
　　本年度の健康診断につき、下記のとおり行うこととする。
　　・○月に○○病院にて順次受診する
　　・○月○日までに受診が終了していない社員に対しては、所属長より日付を指定して
　　　受診させるものとする。
　　・2 年連続の有所見者については、再検査や精密検査の受診を促すよう配慮し、産業
　　　医による面談を希望する者には、その機会を付与する。
　議事 2：衛生管理者からの報告について
　　衛生管理者より、職場巡視の結果、特に問題となる事項はなかったとの報告があった。
　議事 3：残業時間の結果について
　　・○○部において、月 80 時間を超える時間外労働を行った者がいたため、所属長に
　　　対し、時間外労働の抑制策の提出を求めるものとする。
　　・そのほかの部について、一部月 45 時間を超える時間外労働が確認された（要経過
　　　観察）。
　次回委員会は○月○日（○）午後 4 時から行うこととなった。

なりません（安衛法 17 条 4 項、18 条 4 項、19 条 4 項）。

　安全委員会では、社員の危険防止対策や労働災害防止対策等の安全に関する事項等（安衛法 17 条 1 項）について、衛生委員会は社員の健康障害の防止に関する事項等（同法 18 条 1 項）について調査審議する必要があります（安全衛生委員会はその両方について調査審議）。

　なお、委員会の議事の内容（[図表 4-11] を参照）を社員に周知し、重要な議事は記録して 3 年間保存する義務があります（安衛則 23 条）。

　最近は、長時間労働（「4　長時間労働対策」の項〈➡ 232 ページ〉）に関する問題をはじめ、社員の職場環境にはさまざまな問題が発生しますので、労使が一体となって職場環境を改善できるよう、委員会を積極的に活用する会社が増えています。

第4章 労務コンプライアンス上の課題

第9 労働保険・社会保険

1 労働保険の成立

　会社は、労働者を1人以上雇用する事業場ごとに、「労働保険保険関係成立届」を所轄の労働基準監督署またはハローワークに提出しなければなりません。また、雇用保険の被保険者となる労働者を1人以上雇用する事業場ごとに、「雇用保険適用事業所設置届」をハローワークに提出する必要があります。

チェックリスト

(1) 事業場の労災保険適用		
① すべての事業場において労災保険が成立している	Y	N
② 支店または営業所があり、労働保険継続事業一括認可申請を行っている（労災保険の事業の種類が同じ場合）	Y	N
(2) 建設業（現場）の労災保険適用（※元請の場合）		
① 有期事業を一括しない（単独で労災保険を成立する）場合、その現場ごとに労災保険が成立している	Y	N
② 一括する有期事業を行う場合、「一括有期事業報告書」を提出している	Y	N
(3) 雇用保険の適用		
① 「雇用保険適用事業所設置届」を提出している	Y	N
② 各支店等に人事・経理機能等がある場合、それぞれの事業場において「雇用保険適用事業所設置届」を提出している	Y	N
③ 各支店等に人事・経理機能がなく、独立した事業場と認められない場合、それぞれの事業場において「雇用保険事業所非該当承認申請書」を提出している	Y	N

代表的な労務コンプライアンス上の課題と対応方針

[1] 事業場の労災保険適用

　一つの会社の中で支店や営業所等がある場合に、労働保険料の申告・納付事務を本社等でまとめて行うことがありますが、この場合でも、労災保険の成立は個々の事業場で行う必要があります。なお、個々の事業場における労災保険の事業の種類が同じ場合には、「労働保険継続事業一括認可

239

申請書」を一括して事務処理を行いたい事業場の所轄労働基準監督署に提出することで、本社等の指定された事業場で労働保険料の申告・納付事務を行うことができます。

　労務コンプライアンス調査の結果においては、多くの会社で支店や営業所等の労災保険適用漏れが見受けられますので、注意しましょう。

[2] 建設業（現場）の労災保険適用（※元請の場合）

　建設業において有期事業の一括を行う場合には、次のいずれの要件も満たす必要があります。

> ・一工事の請負金額が 1 億 8000 万円未満（消費税額を除く（※））
> 　※ 2015 年 3 月 31 日以前に開始された工事については、1 億 9000 万円未満（消費税額を含む）
> ・一工事の概算保険料額が 160 万円未満の事業

[3] 雇用保険の適用

　[1] における労働保険継続事業一括認可手続きが行われている場合でも、雇用保険の被保険者等の届け出手続きをする事業場の単位は変更されず、事業場ごとに届け出を行う必要があります。なお、人事・経理上の指揮等において独立性のない支店や営業所等であって、雇用保険に関する事務処理能力がない場合には、支店や営業所等を管轄するハローワークに「雇用保険事業所非該当承認申請書」を提出することで、雇用保険の被保険者等に関する届け出手続きを本社等の主たる事業場で一括して行うことができます。

　この点も、他社においては手続きが行われていないケースが多く見受けられますので、確認が必要です。

第4章　労務コンプライアンス上の課題

2 | 労働保険・社会保険の加入

　会社は、加入要件を満たす労働者を、雇用保険または社会保険（健康保険および厚生年金保険）に加入させなければなりません。また、加入要件を満たす労働者は、会社で定めている試用期間の長短にかかわらず、雇い入れの日より被保険者の資格を取得します。

チェックリスト

	(1) 雇用保険の加入		
①	1週間の所定労働時間が正社員と同じ者については、一般被保険者として資格を取得している	Y	N
②	1週間の所定労働時間が20時間以上で正社員の所定労働時間より短い者であり、31日以上の雇用見込みがある者については、一般被保険者として資格を取得している	Y	N
③	1週間の所定労働時間が20時間未満の者は、資格を取得していない	Y	N
④	昼間学生については、資格を取得していない	Y	N
⑤	役員については、兼務役員として認定されている者以外は資格を取得していない	Y	N
⑥	日雇労働者（日々雇用される者または30日以内の期間を定めて雇用される者）で一定の条件に該当する者［注1］については、雇用保険の一般被保険者・短期雇用特例保険者・高年齢被保険者・日雇労働被保険者として資格を取得している	Y	N
⑦	資格取得の日付は、試用期間も含めた雇入れ日としている	Y	N
	(2) 社会保険の加入		
①	1週間の所定労働時間および1カ月の所定労働日数が正社員の4分の3以上である者については、資格を取得している	Y	N
②	特定適用事業所である場合、次のすべての要件に該当する社員については、資格を取得している	Y	N
	・被保険者数が51人以上いること（2024年10月以降）	Y	N
	・1週間の所定労働時間が20時間以上であること	Y	N
	・所定内賃金が月額8.8万円以上であること	Y	N
	・雇用期間が2カ月を超えて見込まれること	Y	N
	・昼間学生ではないこと	Y	N

241

③	日雇労働者で一定の条件に該当する者［注2］については、健康保険の一般被保険者（または日雇特例被保険者）となっている	Y	N
④	当初の雇用期間が2カ月以内であっても、当該期間を超えて雇用されることが見込まれる社員については、契約当初から資格を取得している	Y	N
⑤	資格取得の日付は、試用期間も含めた雇入れ日としている	Y	N

［注］　1　原則として、連続する2カ月の各月において18日以上同一の事業主の適用事業に雇用された者
　　　　2　同一の事業所で1カ月の期間を超えて引き続き雇用される者

代表的な労務コンプライアンス上の課題と対応方針

［1］ 雇用保険の加入

（1）被保険者となる社員

　期間を定めて雇用される社員であっても、1週間の所定労働時間が同一の事業場に雇用される正社員と同じ場合には、雇用期間の長短にかかわらず雇入れ日から雇用保険に加入する必要があります。

　1週間の所定労働時間が同一の事業場に雇用される正社員よりも短いパートタイム労働者等の短時間就労者は、次のいずれにも該当する場合、雇入れ日またはその要件を満たした時点から雇用保険に加入します。

①1週間の所定労働時間が20時間以上であること
②31日以上の雇用見込みがあること

　入社後一定期間を試用期間としている会社がありますが、この場合でも加入要件を満たす社員は、雇入れ日から雇用保険に加入する必要があるため、誤解のないように手続きを行わなければなりません。

　また、法人の役員については、原則として雇用保険に加入することはできません。ただし、取締役であると同時に部長・工場長等会社の社員としての身分を有している場合に、その者の就労実態、賃金、報酬等を総合的に見て労働者的性格が強い者であって、雇用関係が明確に存在すると認められる者に限り雇用保険に加入することができるとされています。この場合、加入手続きの際に「兼務役員雇用実態証明書」等の提出が必要となり

第4章　労務コンプライアンス上の課題

ますので、兼務役員の取り扱いについても注意しなければなりません。

（2）雇用保険マルチジョブホルダー制度

　複数の事業所で勤務する 65 歳以上の社員が、そのうち二つの事業所での勤務を合計して次の要件を満たす場合に、本人から住所または居所を管轄するハローワークに申し出を行うことで、申し出を行った日から特例的に雇用保険の被保険者（マルチ高年齢被保険者）となることができます。

①複数の事業所に雇用される 65 歳以上の労働者であること
②二つの事業所（一つの事業所における 1 週間の所定労働時間が 5 時間以上 20 時間未満）の労働時間を合計して 1 週間の所定労働時間が 20 時間以上であること
③二つの事業所のそれぞれの雇用見込みが 31 日以上であること

［2］社会保険の加入

（1）被保険者となる社員

　パートタイム労働者等の短時間就労者は、次のいずれにも該当する場合、雇入れ日またはその要件を満たした時点から社会保険に加入する必要があります。

①1 週間の所定労働時間がその事業場で同種の業務に従事する正社員の所定労働時間の 4 分の 3 以上であること
②1 カ月の所定労働日数がその事業場で同種の業務に従事する正社員の所定労働日数の 4 分の 3 以上であること

　ただし、①②はあくまでも目安であり、雇用契約の内容が労働時間・労働日数ともに 4 分の 3 に達する内容になっていない場合でも、就労の実態が 4 分の 3 以上であれば、被保険者として取り扱われるものとされています。

　また、後掲（2）の特定適用事業所に就労するパートタイム労働者は、

243

次のいずれにも該当する場合、短時間労働者として社会保険に加入する必要があります。

> ①週の所定労働時間が20時間以上であること
> ②所定内賃金が月額8.8万円以上であること
> ③2カ月を超える雇用の見込みがあること
> ④学生でないこと

会社としては、雇用契約の内容だけではなく、就労の実態が社会保険の加入要件に該当しているかを確認し、要件を満たす場合には、社会保険の加入手続きを行う必要があります。なお、試用期間についての考え方は、**[1]** と同様です。

（2）特定適用事業所

厚生年金保険の被保険者数が51人以上の事業所は、特定適用事業所に該当します（2024年10月1日以降）。

被保険者数が51人以上であるかの判定は、1年のうち6カ月以上において、同一の法人番号を有する会社のすべての適用事業所の厚生年金保険の被保険者数（短時間労働者は含まない）の総数で人数をカウントしています。

[3] 加入要件を満たせば強制加入

[1] [2] とも、それぞれの加入要件を満たす場合には、社員本人の加入希望の有無にかかわらず強制加入となりますので、加入を希望しない社員については、加入要件に該当しない就労内容（労働時間・労働日数）とすることを徹底して管理する必要があります。

雇用保険または社会保険について加入手続き漏れがあると大きな労務リスクとなりますので、この点を厳密にチェックすることが重要です。

第4章　労務コンプライアンス上の課題

［4］複数の適用事業所に勤務する場合

社員が同時に複数の会社で勤務し、賃金を受けている場合、実態に応じた対応が必要です。

①雇用保険

同時に複数の事業所で雇用保険に加入できません。複数の会社で雇用保険の加入要件を満たしている場合には、生計を維持するのに必要な主たる賃金を受ける雇用関係にある会社（収入が多いほう）でのみ加入することになります。

②社会保険

同時に2カ所以上の会社で勤務する社員が、それぞれの会社で社会保険の加入要件を満たしている場合には、それぞれの会社で社会保険に加入する必要があります。その場合、主たる事業所を選択し、「健康保険・厚生年金保険被保険者所属選択・二以上事業所勤務届」を健康保険組合または管轄の年金事務所へ提出しなければなりません。

245

3 | 労働保険料・社会保険料の算定

　労災保険は、常用労働者・日雇労働者・パートタイム労働者・アルバイト等の名称や雇用形態にかかわらず、労働の対価として賃金を受けるすべての労働者が対象となり、そのすべての賃金である賃金総額に、その事業に定められた保険料率を乗じて労働保険料を算定しなければなりません。

　社会保険料の算定の基礎となる報酬には、食事や住宅等の現物で支給される給与も含まれます。また、年4回以上支給される賞与も報酬に該当しますので注意が必要です。

チェックリスト

	(1) 労働保険料		
①	労災保険料率は事業の種類に基づき適切に設定している	Y	N
②	労働保険料の支払いは期日までに行っている	Y	N
③	年度における賃金総額の見込み額が2倍になり、かつ概算保険料の差額が13万円以上となる場合に、増加概算保険料の申告を行っている	Y	N
④	正社員だけでなく、パートタイム労働者やアルバイト等に支払われる賃金も賃金総額に含めて算定している	Y	N
⑤	受け入れ出向社員の賃金も賃金総額に含めて算定している（労災保険のみ）	Y	N
⑥	通勤手当や賞与も賃金総額に含めて算定している	Y	N
⑦	兼務役員については、役員報酬以外の従業員給与部分についてのみ賃金総額に含めて算定している	Y	N
⑧	現物給与（通勤定期券等）を賃金総額に含めて算定している	Y	N
	(2) 社会保険料		
①	現物給与（通勤定期券・食事・住宅等）についても報酬に算入している	Y	N
②	資格取得の際、見込み時間外労働手当についても報酬に算入している	Y	N
③	標準報酬の改定（定時決定・随時改定）があった場合、適正に保険料を改定している	Y	N
④	二つ以上の適用事業所で勤務している場合、「二以上事業所勤務届」を提出している	Y	N
⑤	賞与から保険料を徴収している	Y	N
⑥	年4回以上の賞与支給がある場合、報酬に算入している	Y	N

⑦	40歳以上65歳未満の社員から介護保険料を徴収している	Y	N
⑧	70歳以上の社員から厚生年金保険料を徴収していない	Y	N

代表的な労務コンプライアンス上の課題と対応方針

[1] 労働保険料

　労災保険は、常用労働者・日雇労働者・パートタイム労働者・アルバイト等、名称や雇用形態にかかわらず、労働の対価として賃金を受けるすべての労働者が対象となります。その労働者に支払われる賃金総額に、その事業で定められた保険料率を乗じて労働保険料を算定する必要があります。

　出向者について、指揮命令関係が出向先にある場合には、賃金が出向元で支払われていても、その賃金を出向先の賃金総額に含めて算定することになります（労災保険のみ）。

　なお、所得税法上は非課税とされる通勤手当、現物で支給される通勤定期券、賞与等も賃金総額に算入すべき賃金とされていますので、算入漏れのないように確認しましょう。

　法人の役員について、代表権・業務執行権を有する者は労災保険の対象となりません。ただし、取締役であっても業務執行権を有すると認められない者で、事実上業務執行権を有する取締役等の指揮監督を受けて労働に従事し、その対償として賃金を受けている者は、原則として労働者として取り扱います。この場合、労働保険料の対象となる賃金は、役員報酬の部分は含まれず、労働者としての賃金部分のみとなりますので、兼務役員の取り扱いについても注意しなければなりません。

[2] 社会保険料

　社会保険の報酬には、現物で支給されるものも含まれます。その代表的なものとしては、食事（給食・食券等）、住宅（社宅・寮等）、現物で支給される通勤定期券があります。食事や住宅の現物給与については、都道府

247

県ごとに厚生労働大臣が告示で現物給与の価額を定め、この価額に基づき通貨に換算し報酬に含めます。

　賞与は、年3回までの支給であれば報酬に該当しませんが、給与規程や賃金規程等の諸規定に年4回以上の賞与の支給が客観的に定められている場合には、報酬に該当するとされていますので、注意が必要です。なお、労働の対償とみなされない結婚祝金などは報酬に含めません。

　社会保険の資格取得手続きを行う際、所属する部・課・係において常態として時間外労働がある場合には、1カ月に見込まれる時間外労働手当相当額を加えた額を資格取得時の標準報酬月額として届け出ることとされています。

　なお、社会保険においては、毎月固定的に支払われる賃金に変動があり、報酬の額に大幅な変動があった場合には、随時改定による「月額変更届」を提出しなければなりませんので、随時改定の確認ができる体制を構築することが求められます。

[3] リモートワーク時の通勤手当の取り扱い

　通勤手当は通常、労働保険料および社会保険料の算定基礎に含まれますが、テレワーク時の通勤手当については含めない場合があるため、注意が必要です。

　通勤手当の支給の対象となっている労働日における労働契約上の労務の提供地が自宅の場合には、労働保険料および社会保険料の算定基礎には含まれません。業務命令により一時的に出社し、その移動にかかる実費を会社が負担する場合、その費用は実費弁償と認められ、報酬に該当しないことから、保険料の算定基礎には含まれません。

　一方で、その労働日における労働契約上の労務の提供地が会社とされている場合には、自宅から会社等へ出社するために要した費用は通勤手当に該当し、労働保険料および社会保険料の算定基礎に含まれます。労働日における労働契約上の労務提供地によって対応が異なる点に、注意が必要です。

［4］ 在籍出向により海外の子会社等で勤務する場合の取り扱い

　日本国内の会社から在籍出向により、海外の子会社等で勤務し、双方から給与等が支給される場合の社会保険料・雇用保険料の取り扱いにも注意を要します。

　通常、適用事業所以外から受ける収入は、社会保険の算定上、報酬等に算入しません。そのため、在籍出向先の海外の子会社等から労働の対償として直接、社員本人へ給与等が支給されている場合であっても、国内の会社（適用事業所）の給与規程や出向規程に海外勤務者にかかる定めがなければ、海外の子会社等からの給与は社会保険上の報酬等に含めません。

　一方、在籍出向先の海外の子会社等から、直接本人へ給与等が支給されていても、国内の会社の給与規程等に基づいて支給されている場合は、海外の子会社等からの給与も報酬等に算入する必要があります。なお、海外で現地通貨等、日本円以外の通貨で支給している場合は、実際の支給額を支給日の為替レートで日本円に換算した金額を報酬等へ算入します。

　雇用保険料の算定に当たり、国内外の会社双方から給与等が支給されるときは、海外勤務者が日本国内において勤務する場合に通常支給される給与の額を限度として、海外の子会社等から支給される給与を合算して取り扱います。そのため、海外赴任手当やハードシップ手当など、日本国内において勤務する場合に支給されない性質の手当は、雇用保険料算定上の賃金に該当せず、基本手当等の給付を受ける場合の算定基礎額にも含まれません。

　なお、在籍出向中、海外の子会社等のみから給与等が支給されている場合には雇用保険被保険者資格は継続しますが、基本手当等の給付を受ける場合の算定基礎額がなく、当該出向期間中は賃金が発生していないものとして取り扱われるため、在籍出向期間が1年を超え、かつ、帰任命令により日本へ帰国後1年以内に自己の都合により退職した場合には、被保険者期間の要件を満たさず、基本手当の給付が受けられない可能性があることを、本人へ事前に説明する等の対応が望まれます。

第 5 章

労務コンプライアンス調査後の展開

1 ┃ 調査後の労務リスクの改善のために

2 ┃ 人件費シミュレーションの実施

3 ┃ 長時間労働削減策

4 ┃ 人的資本経営への取り組み（人材育成）

1 調査後の労務リスクの改善のために

　ここまで、多岐にわたって労務コンプライアンス調査のチェックリストを確認してきました。これを基に自社で労務コンプライアンス調査報告書を作成・活用していただければと思いますが、そもそもの目的は、労務リスクの改善を実現することにほかなりません。

[1] 調査後の改善活動

　調査によって自社の労務リスクを特定し、そのリスクレベルが高いものには優先順位をつけた上で、全社で改善の取り組みを図る必要があります。特に、資金の支払いに直結する時間外労働や長時間労働、労働時間管理に関連する項目は、社員の働き方を大きく変えてしまう可能性があるため、全社でプロジェクトチームを組織して進める必要があります。

　具体例として、［図表5-1］に、ある会社の労務リスク改善プロセスを掲載しました。この場合、全社的・横断的な委員会を設置し（いわゆるCFT〔クロスファンクショナルチーム〕）、P（計画）→ D（実施・実行）→ C（点検・評価）→ A（処置・改善）を繰り返しながら、改善を図っていくという手法を取り入れています。

　このように全社で改善活動を進めていく手法に対し、人事部主導で行うことも考えられます。その場合には各部門責任者と密に連絡を取り、現場として実現不可能な内容とならないように注意が必要です。

[2] パイロット店舗での実施

　多店舗展開をしている会社や、支店・営業所が多く存在する会社の場合、どのような結果が想定されるか分からない段階で全店舗で実施するのは望ましくありません。したがって、調査時に「パイロット店舗」として取り上げた店舗のみで実験的に実施するというケースが一般的です。

　特に小売業や宿泊業等、パートタイム労働者・アルバイトを含め、多く

第5章 労務コンプライアンス調査後の展開

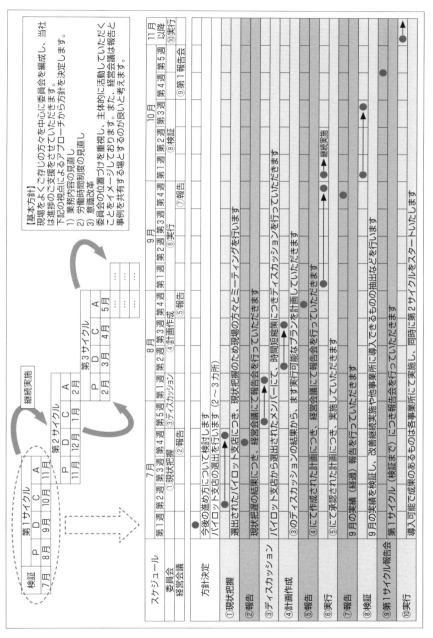

図表5-1 労務リスク改善の進め方

の社員を抱えている事業場であれば、少しのルール変更が現場の大きな混乱や総額人件費の大幅な増加につながりかねないことから、数カ月間はパイロット店舗で改善を図っていく方法が多くとられています。

[3] 全社展開の必要性

　労務コンプライアンス調査の指摘事項に対する改善は、最終的には全社展開ができなければなりません。一部門のみ、あるいはパイロット店舗のみが改善できているというだけでは、その会社は組織的にまだまだ問題があるといえるでしょう。また、グループ会社がある場合であっても、グループ会社の人事部長が一堂に会する「○○グループ人事担当者会議」という会議を立ち上げ、そこで情報を共有して、グループにおいて水平展開できる仕組みづくりが求められます。

　会社にもよりますが、人事労務については、なかなか経営に上げにくいテーマであるが故に、情報が一つの事業場や子会社で止まってしまい、全社で共有できないというケースも耳にします。それでは労務リスクの改善は難しいので、そのようなネガティブな情報であっても、スムーズに本社で共有され、その問題が他の事業場でも発生しないように、全社展開できる仕組みづくりが重要です。

[4] 定期的なモニタリングの必要性

　内部監査に代表されるように、労務リスクについても定期的にモニタリングを行うことは重要です。内部監査室があれば内部監査室が、ないのであれば人事労務担当部門が、労務コンプライアンス調査報告書に基づき、一定期間経過後に問題が改善されているのかをすべて確認する必要があります。

　せっかく全社で改善を行っても、それが習慣化されるまでには時間がかかります。そのため、定期的にモニタリングを行わなければ、本質的な改善にはつながりません。

第5章　労務コンプライアンス調査後の展開

2 人件費シミュレーションの実施

　労務リスクの中で時間外手当の未払いは、常にリスクが高いテーマです。

　時間外手当の未払いを解消するためには、実際に勤務した分だけ時間外手当を支払うというアプローチが最も単純な解決策ですが、そのまま実行してしまうと、当然コストアップを伴うことになり、経営に大きな影響を与えることも少なくありません。

　よく見られる例として、時間外の事前申請は午後8時までとなっているにもかかわらず、実際は午後11時まで勤務していたというケースがあります。この場合、差額の3時間分の時間外手当のほか、1時間分の深夜労働手当が未払いになります。このような時間外労働が、平均して仮に月10回程度あるようであれば、少なくとも30時間分の時間外手当と10時間分の深夜労働手当が発生していたことになり、これが全員分となれば、経営に与えるインパクトは相当なものとなります。したがって、もし正確に時間外手当を支払った場合にどれだけの資金の支払いが必要かという点を、事前にシミュレーションすることが重要です。

　最初のシミュレーションは、現在の給与水準を変更せずにコストアップ分のみで行います。その金額が、会社として許容できるのであればそのまま支給するという経営判断もできますし、その原資を賞与から捻出することで支給するという判断もあります。

　具体例としては、[図表5-2] のとおりとなります。

図表 5-2　現在の給与水準を変更しない場合のシミュレーション

- ・社員の平均給与月額：300,000 円
- ・毎月の平均所定労働時間：160 時間
- ・未払いと考えられる時間外労働時間：30 時間　70,313 円 ┐合計 75,001 円が未払い
- ・未払いと考えられる深夜労働時間　：10 時間　　4,688 円 ┘
- ➡社員 50 名とすると、年間のコストアップ分は 75,001 円×50 名×12 カ月＝約 4,500 万円。さらに月 10 時間分の時間外手当が未払いであった場合は、23,438 円×50 名×12 カ月＝約 1,400 万円が加わる

255

3 | 長時間労働削減策

[1] 長時間労働を削減するには

昨今の労務コンプライアンス調査の結果においても、多くの会社で健康障害が生じ得るレベルで長時間労働が発生しているケースが目立ちます。

長時間労働は、経営者から見れば、時間外手当の増加による利益の圧迫や生産性の悪化につながり、ひいては社員とのトラブルの原因にもなり得る労務リスクの一つです。また、働く社員にとっても健康障害の原因となったり、モチベーションの低下につながったりと、決してよいことではありません。

それでは、なぜこの問題はいつまでも解消されないのでしょうか？　原因として、次のようなものが考えられます。

①経営者は、仕事において社員に良い結果を出してほしいが、実態としては生産性の高い社員ばかりではない。したがって、長く働くことで、それを実現してもらわざるを得ない状況が多い

②社員は、仕事において効率よく、良い結果を出したいが、結果が出せない場合には長く働くことで実現せざるを得ない状況が多い

経営者も働く社員も、効率よく働いて良い結果を出すことに異論はないはずです。それどころか、双方ともそれを望んでいるのが事実でしょう。

ここでは、長時間労働を削減するための施策のヒントとなる事項をいくつかご紹介します。

[2] 長時間労働の原因

長時間労働の原因はいくつも存在しますが、主なものとして、①時間に対するコスト意識が低い、②管理職のマネジメント能力が低い、③社員の業務遂行能力が低い、といったことが挙げられます。

これらの原因を経営者と社員で協力して解消することで、長時間労働を

第5章　労務コンプライアンス調査後の展開

削減することが可能になると考えます。

［3］長時間労働を削減するための施策

（1）時間に対するコスト意識を向上させる

①時間に対する意識を高いレベルで共有する

　　時間に対する意識は、個人ごとに大きく異なります。これは、もともとの性格によるところもありますが、それまで育ってきた環境や勤務していた環境などによって身に付いてくるものです。企業が新入社員研修において真っ先に徹底するのが、この時間に対する意識であることも納得できます。長時間労働を削減するには、まずこの時間に対する意識を全員が高いレベルで共有することが重要になります。

②「時間＝コストの可視化」（見える化）

　　前述の時間に対する意識を共有する方法として、「時間＝コストの可視化」が有効です。例えば、月給制の場合の時間当たりの給与を意識したことがあるでしょうか？　会社が定める所定労働時間による差はあるにせよ、月給30万円の場合の時間給は1900円程度になり、月給50万円の場合は3200円程度になります。月給30万円の社員が5名と月給50万円の社員2名が3時間の会議に出席したときのコストを計算してみると、{（5名×1900円）＋（2名×3200円）}×3時間で4万7700円になります。約5万円弱の付加価値を生み出すためにはいくらの売り上げが必要でしょう。

　　このように時間に対するコストを可視化することで時間に対するコスト意識を共有することにつながり、ひいては時間に対する意識を高く持つことになるに違いありません。

③会議の見直し

　　長時間労働削減の際に会社で必ずやり玉に挙がるのが、会議に費やしている時間です。日々の業務の中で会議が占める時間が多くなっている実態を考えると、会議に費やす時間をいかに短く効率化するかは、長時

257

間労働削減のために非常に重要となります。

a　事前に議題を周知する

　　会議が長時間化する原因の一つに、参加するメンバーが事前に議題を共有していないことが挙げられます。会議開催の際には、会議の目的とその日に決めるべき事項などを事前に周知することは必須です。

b　会議時間を厳守する

　　会議の終了時刻を決めずに会議を開始するのは論外ですが、終了時刻を決めていても延長となっては何の意味もありません。会議を時間どおりに終了させるためには進行役兼タイムキーパーをきちんと決め、議題ごとに議論の時間をあらかじめ定めて進行することが有効です。

c　会議をなくすための工夫

　　会議の時間を短くするには、そもそも会議をなくすことが最も有効な策です。そこで、何らかの方法で会議をなくす工夫をすることは非常に重要となります。例えば、電車やタクシーでメンバーと一緒に移動する際の隙間時間を活用することや、メーリングリストを作成し、1カ所に集まることなくメールで意見交換や決定事項の周知を行うことなども有効です。

(2) 管理職のマネジメント能力を向上させる

①プロジェクト管理の重要性

　　高度化する業務においては、一個人だけで完結するものは少なく、チームを組んで行うことが日常的になっています。管理職によるプロジェクト管理が長時間労働の削減に大きく影響してきます。プロジェクトの目的・業務範囲・想定される成果物・役割分担、スケジュールの設定など、これらがきちんと検討されてスタートし、適宜進捗管理することで、直前になってあわてて資料を作成するなどの事態を防ぐことができ、効率よくプロジェクトを進められるほか、ひいては無駄な時間外労働を避けることにもつながります。これらのことは時限的なプロジェク

第5章　労務コンプライアンス調査後の展開

トに限らず、日常的な業務遂行においても同様です。

②無駄な業務の排除

　重複する報告書の見直しや冗長な資料の作成を求めていないかを、再度確認することが重要です。

　部下の作成した資料が、イメージしているものと異なっていたことはないでしょうか。それは、往々にしてあいまいな指示によることが原因だったりします。あいまいな指示もしくは指示ミスによる資料の再作成などは最も排除すべき事項です。

（3）社員の業務遂行能力を向上させる

　社員の業務遂行能力の向上は、一朝一夕にできることではありません。業務に必要な研修を継続的に実施することはもちろんですが、即効性のある対策として、次のような方法が効果的です。

①ナレッジの共有を図る

　日常業務で、類似した資料を作成する場面がよくあります。例えば、提案書、見積書、議事録、報告書などをひな型等に整理し、ナレッジの共有を図ることで、日常業務は格段に短縮できます。整理するときには多少の時間を要しますが、その後の効果を考えると、すぐにでも着手すべき事項です。

②パソコンスキルの向上と生成 AI を活用する

　今の時代、パソコンスキルは業務遂行能力に大きく影響するといえます。日常的に使用する文書作成ソフトや表計算ソフトに関するスキルレベルは、早急に底上げを図る必要があります。表計算ソフトの関数を知っているのと知らないのとでは、資料作成に費やす時間に天と地ほどの差が出ることもありますので、無視できない事項です。加えて、今後は生成 AI を活用できるかどうかも業務遂行能力に大きく影響してきます。生成 AI を活用することによって、業務の改善・効率化や新しいアイデア出しなど創造性の向上を図ることが新たな取り組みとして考えられます。

259

4 人的資本経営への取り組み（人材育成）

　第1章「5　人的資本経営から見た労務コンプライアンス」の項〈➡ 24
ページ〉に記載のとおり、近年、人的資本は企業価値を創造する中核要素
であるものと位置づけられ、注目されています。適切な機会や環境を提供
し、活かすことができれば、人材価値が上昇すると捉える必要があります。

　具体的な取り組み例として人材育成のケースを見てみると、ビジョンに
基づく目指す人物像の明確化と、それに基づいた教育制度が不可欠です。
企業にはそれぞれ、目指すビジョンや経営におけるゴールがあります。社
員への教育の結果、どのような人物像を目指しているのか（どのような考
え方・スキル・知識を備えているのか）は、この企業が目指すビジョンや
ゴールを実現する観点から考える必要があります。目指す人物像が定まっ
ていなかったり、たとえ定まっていても会社の目指す未来と重なっていな
かったりする場合、教育の成果を感じることは難しいでしょう。まずは企
業のビジョンを達成するために、社員にどのような考え方・スキル・知識
を求めているのかを明確に言語化して、社内の共通認識として持っておく
ことが大切です。その際に、「今必要なものなのか」もしくは「未来に必
要になることが予想されるものなのか」を、時間軸をもって整理していく
ことも重要です。

　企業が目指す人物像が明確になった後にも、確認すべき点があります。
それは、企業として求める考え方・スキル・知識を社員に身に付けてもら
うために、既存の教育制度は適しているか、という点です。多くの企業が、
これまでにも社員教育や社内研修等を実施していると思いますが、その中
で「毎年やっているから」という理由だけで行われている研修や勉強会は
ないでしょうか。会社や社員、社会の状況が変われば、求められる考え方・
スキル等も変化していきます。そのため、教育制度自体も定期的な見直し
が必要といえます。

　教育制度というと、知識やスキルのインプットがイメージされがちです

第5章　労務コンプライアンス調査後の展開

が、一方的なインプットだけでは「よいことを聞いた」で終わってしまい、社員の着実な成長は望めません。インプットしたものを実際の仕事の現場で試し、成功・失敗することを通じて、社員は実体験を得て成長していきます。そのため、会社は実践の機会をつくることも考慮して、教育制度を構築していくことが求められます。

　しかしながら、この教育制度の定期的な見直し・実践の場の提供に向けて、変化の激しい社会に対応しながらすべての教育を内製化することは非常に困難です。また、社内での研修はどうしても受け身になり、実践まで結びつかないという声もよく聞かれます。このような場合は、外部からの新鮮な気づきを取り入れるという意味で、オンライン教育やコンサルティング会社のプログラムを活用することも選択肢の一つでしょう。

　多岐にわたる人的資本経営への取り組みですが、検討を行うに当たっては、自社のビジネスモデルや経営戦略を実現するため、それを叶える人材戦略（人への投資）における優先項目は何かを検討し、策定することが重要です。方針を定める際は、現在の自社の状況と、理想の姿のギャップを的確に把握し、中長期での定量的な目標を設定することで、経営戦略の実現に向けたより具体的で効果的な施策とすることが可能です。

261

事項索引

ア

IR（投資家向け広報）……………………14
アルバイト…………………………60, 175
安衛法………………12, 158, 223, 225
安全委員会…………………………237
安全衛生委員会……………237, 238
安全衛生管理体制…………………235
安全衛生推進者……………………236
安全管理者…………………………236
安全配慮義務………………………223
ESG…………………………………24
育児・介護休業……………………178
意見聴取……………………………190
1 カ月単位の変形労働時間制……134, 142
1 週間単位の非定型的変形労働時間
　制……………………………………136
1 年単位の変形労働時間制………135, 143
一昼夜交替勤務……………………161
一定の期日…………………………112
違法派遣……………………………33
インターネット・SNS……………101
インタビュー対象者………………52
請負…………………………………215
衛生委員会…………………………237
衛生管理者…………………………236
衛生要因……………………………13
越境リモートワーク………………220

カ

海外勤務者の健康診断……………225
解雇…………………………………96
外国人雇用状況届出書……………205
外国人労働者………………………202
解雇権濫用法理……………………97
解雇制限……………………………97
解雇の予告…………………………97
解雇予告除外認定…………………85
各種手当……………………………119
カスタマーハラスメント…………16
家族手当……………………………115
過半数代表者……………151, 190, 194
過労死………………………………32
完全年俸制…………………………125
管理監督者………………158, 169
管理監督者の範囲…………………170
管理監督者の判断基準……………171
管理監督者の割増賃金……………170
企画業務型裁量労働制…………139, 147
偽装請負……………………………217
技能実習と特定技能………………205
休憩…………………………………166
休憩中の外出………………………167
休日…………………………………160
休職…………………………………78
休職期間……………………………79
休職事由……………………………79
休職制度……………………………79

263

競業避止……………………………100
強制加入……………………………244
行政処分リスク……………………33
クーリング…………………………93
継続雇用制度………………………90
契約社員……………………………60
月額変更届…………………………248
欠勤控除……………………………125
減給…………………………………84
健康情報……………………………230
健康情報等取扱規程………………230
健康診断……………………………223
健康診断に要する費用・時間の取り
　扱い………………………………226
健康診断の実施後の措置…………226
健康保険・厚生年金保険被保険者所
　属選択・二以上事業所勤務届……245
譴責…………………………………84
建設業（現場）の労災保険適用……240
限度時間……………………………154
兼務役員雇用実態証明書…………242
コアタイム…………………………144
更衣時間……………………………158
降転職………………………………84
高度プロフェッショナル制度
　…………………………………140, 148
コーポレートガバナンス…………14
個人情報の収集……………………67
固定時間外手当……………………122
雇用確保措置………………………89
雇用契約……………………………68
雇用契約の期間……………………69
雇用契約の記載事項………………69
雇用保険……………………………242

雇用保険事業所非該当承認申請書
　…………………………………240
雇用保険適用事業所設置届………239
雇用保険の加入……………………242
雇用保険の適用……………………240
雇用保険マルチジョブホルダー制度
　…………………………………243
コンプライアンス…………………12

サ

サービス残業………………30, 35, 38
再雇用制度…………………………90
採用…………………………………65
採用内定……………………………66
採用面接……………………………66
在留期間……………………………202
在留資格……………………………202
36協定における特別条項…………152
36協定の締結………………………151
差別的取り扱いの禁止……………120
産業医………………………………236
産業医の選任………………………236
産業医への情報提供………………234
産後パパ育休………………179, 181
産前産後休業………………………184
CSR（企業の社会的責任）…………14
資格取得休暇………………………186
時間外・休日労働（36協定）………151
時間外手当の未払い問題………15, 30, 36
時間差付与…………………………167
時季変更権…………………………176
支給日在籍要件……………………126, 129

始業時刻前・終業時刻後の労働時間
………………………117

事業場外労働のみなし労働時間制
………………………137, 145

事業場の労災保険適用………………239

自己申告制…………………………157

自然退職……………………………80

実雇用率……………………………201

社員区分……………………………59

社員減少リスク……………………35

社会保険の加入……………………243

社会保険料…………………………247

社内貸付金制度……………………132

就業確保措置………………………90

就業規則……………………………187

就業規則の四つの義務……………189

就業規則の効力……………………188

住宅手当……………………………115

就労不完全…………………………79

宿直・日直……………………141, 150

出勤停止……………………………84

出向……………………………74, 75

出産手当金…………………………184

出生時育児休業……………………179

受動喫煙……………………………101

障害者雇用…………………………200

障害者雇用調整金…………………201

障害者雇用納付金…………………200

障害者職業生活相談員……………201

紹介手数料…………………………67

試用期間……………………………71

試用期間中の処遇…………………73

試用期間の意義……………………71

試用期間の延長……………………72

昇給停止……………………………84

昇進・昇格…………………………107

賞罰…………………………………81

賞罰委員会…………………………84

賞与…………………………………128

常用雇用労働者……………………201

所定労働時間数……………………115

人権尊重……………………………19

人権デューデリジェンス…………20

人件費シミュレーションの実施……255

人事異動……………………………74

人事労務監査………………………51

人的資本経営…………………24, 260

深夜労働……………………………146

ステークホルダー…………………14

ストレスチェック実施後の措置……229

ストレスチェック制度……………228

制裁……………………………81, 83

正社員………………………………59

生理休暇……………………………183

セクシュアルハラスメント……22, 107

是正勧告……………30, 155, 196, 199

絶対的必要記載事項………………188

全額払い……………………………111

専門業務型裁量労働制……………138

総括安全衛生管理者……………235, 237

相対的必要記載事項………………188

相談窓口の設置……………………109

即時解雇……………………………97

促進要因……………………………13

訴訟リスク…………………………32

その他の法定休暇・休業…………183

損害賠償…………………………98, 100

タ

代休······163
退職······87
退職金······131
退職証明書······88
代替休暇······117
単一業種······49
短時間労働者······244
誕生日休暇······186
治癒······80
中途採用比率の公表······64
懲戒解雇······85
懲戒処分······83
調査項目範囲······45, 47
調査後の改善活動······252
調査後の労務リスクの改善······252
調査主体······51
調査展開範囲······45, 49
長時間労働削減策······256
長時間労働対策······232
懲罰委員会······84
賃金台帳······197
賃金との相殺······100
賃金の支払い······110
通貨払い······111
通算契約期間······92
通常の労働日の賃金······114
定期健康診断······224
定期健康診断結果報告書······227
定年······87
定年延長・再雇用······89
定年制の廃止······91
出来高給······115

出来高給の最低保障······121
テレワーク······219
テレワーク中の中抜け時間······167
転勤······74
転籍······74, 76
同一労働同一賃金······207
動機づけ要因······13
特定業務従事者の健康診断······225
特定適用事業所······244
特別休暇······185
特別プロジェクトチーム······45, 51
ドナー休暇······186
ドミノ式発生モデル······37

ナ

内部監査室······45, 51
入社前研修の賃金······66
入退場制限······100
任意的記載事項······188
年休······173
年休取得義務······177
年休の買い上げ······177
年次有給休暇······173
年俸額の期中の変更······127
年俸制······125
年俸制における欠勤控除······126
ノーワーク・ノーペイ······126

ハ

ハードシップ手当······249
パートタイム労働者······60
配置転換······74

事項索引

配転命令·····································75
パイロット営業所·····················49
パイロット店舗での実施··········252
派遣受け入れ期間の制限··········211
派遣先均等・均衡方式···············213
派遣労働者·····················60, 211
ハラスメント防止対策···········106
パワーハラスメント·········22, 107
番方編成による交替制············162
非正社員·····························59, 60
標準報酬月額·························248
表彰·································81, 82
費用発生リスク·····················30
ファミリーサポート休暇··········186
風評被害リスク·····················34
副業・兼業··························102
復職支援······························80
復職要件······························80
複数業種······························50
複数の適用事業所に勤務する場合
····································245
服務規律······························98
負の影響······························22
不法就労······························33
不法就労助長罪·················33, 203
不法滞在·····························203
フリーランス・事業者間取引適正化
等法·······························218
振替休日···················143, 144, 163
振替休日と賃金の支払い··········164
フレキシブルタイム···············144
フレックスタイム制·········136, 144
分割付与·····························164
報告書·······························45, 55

法定外休日·····················160, 165
法定休日·······················160, 162
法定雇用障害者数···················201
法定障害者雇用率···················200
法令遵守······························12
募集·································61
募集条件······························63
母性健康管理·························184
ボランティア休暇···················186

マ

マタニティハラスメント／パタニ
ティハラスメント···············22
無期転換······························92
無期転換後の労働条件···············94
無期転換の特例·······················94
無期転換申込権·······················92
メモリアル休暇·······················186
面接指導·····························233
面接指導後の措置···················233
メンタルヘルス不調···············228
免罰的効果·····························192
持ち帰り残業·························159
モチベーション理論·················13
モニタリング·························254

ヤ

雇入時の健康診断···················224
雇止め·······························95
有期労働契約·························88
諭旨解雇······························85
呼出待機時間の取り扱い··········159

267

ラ

リスク連鎖⋯⋯⋯⋯⋯⋯⋯⋯⋯36
リフレッシュ休暇⋯⋯⋯⋯⋯⋯⋯186
リモートワーク時の通勤手当の取り
　扱い⋯⋯⋯⋯⋯⋯⋯⋯⋯⋯⋯248
臨時に支払われる賃金⋯⋯⋯⋯⋯115
労使委員会⋯⋯⋯⋯139, 140, 148, 149
労使協定⋯⋯⋯⋯⋯⋯⋯⋯⋯⋯192
労使協定方式⋯⋯⋯⋯⋯⋯⋯⋯213
労働基準監督署⋯⋯⋯⋯⋯30, 33, 36
労働契約申込みみなし制度⋯⋯⋯212
労働災害⋯⋯⋯⋯⋯⋯⋯⋯⋯⋯235
労働時間制度⋯⋯⋯⋯⋯⋯⋯⋯134
労働時間の把握⋯⋯⋯⋯⋯105, 156
労働者派遣事業⋯⋯⋯⋯⋯211, 215

労働者名簿⋯⋯⋯⋯⋯⋯⋯⋯⋯195
労働審判⋯⋯⋯⋯⋯⋯⋯⋯⋯⋯32
労働保険・社会保険の加入⋯⋯⋯241
労働保険の成立⋯⋯⋯⋯⋯⋯⋯239
労働保険保険関係成立届⋯⋯⋯⋯239
労働保険料⋯⋯⋯⋯⋯⋯⋯⋯⋯247
労働保険料・社会保険料の算定⋯⋯246
労務改善⋯⋯⋯⋯⋯⋯⋯⋯⋯⋯17
労務コンプライアンス⋯⋯⋯⋯12, 57
労務コンプライアンス調査⋯⋯⋯44, 251
労務倒産⋯⋯⋯⋯⋯⋯⋯⋯⋯⋯29
労務リスク⋯⋯⋯⋯⋯⋯17, 28, 29, 53

ワ

割増賃金の計算⋯⋯⋯⋯⋯⋯⋯113

■著者プロフィール

社会保険労務士法人みらいコンサルティング

みらいコンサルティング株式会社のグループ法人。中堅中小企業から上場企業まで、就業規則作成支援、労働時間制度設計支援、賃金・退職金制度構築支援、評価制度導入支援等、人事労務問題解決のためのコンサルティング業務や、給与計算・社会保険業務のアウトソーシング業務を中心に取り組んでいる。

特に「労務コンプライアンス調査」については、多くの証券会社からの紹介を受け、新規上場や指定替えを目指す企業に対し、数多くの実績を有している。

主な著書：『すぐに使える社会保険・労働保険の実務マニュアル』（労務行政）
　　　　　『非正社員雇用の実務と法律知識』（清文社）

［連絡先］

〒104-0031　東京都中央区京橋2−2−1　京橋エドグラン19階

https://www.miraic.jp/

［執筆メンバー］

特定社会保険労務士：岡田烈司（代表社員）、福本祐子、塚田峰代、池田麻里子

社会保険労務士：佐々木寛奈（代表社員）、矢野新、小清水晶子、森絵梨子、藤澤真由紀

コンサルタント：濱口凌、高橋美佳、宗加奈恵、中野志歩

カバーデザイン／エド・グラフィック・デザイン

印刷・製本／三美印刷株式会社

労務コンプライアンス

2024年10月23日　初版発行

著　者　社会保険労務士法人みらいコンサルティング

発行所　株式会社 **労務行政**

　　　　〒141-0031　東京都品川区西五反田3-6-21

　　　　　　　　　　住友不動産西五反田ビル3階

　　　　TEL：03-3491-1231　FAX：03-3491-1299

　　　　https://www.rosei.jp/

ISBN978-4-8452-4462-1

定価はカバーに表示してあります。

本書内容の無断複写・転載を禁じます。

訂正が出ました場合、下記URLでお知らせします。

https://www.rosei.jp/store/book/teisei